UN AÑO
de Postres
CETOGÉNICOS
Fáciles

INTRODUCCIÓN

Seguir una dieta cetogénica a menudo puede hacer que parezca que se le quitó la parte divertida al hecho de comer tu golosina favorita. De hecho, una dieta cetogénica ya ni siquiera nos permite comer nuestras golosinas favoritas, por eso me sentí inspirada para escribir este libro.

Quería crear un libro de cocina que estuviera lleno de postres compatibles con la dieta cetogénica y que fueran deliciosos y fáciles de preparar, y que además no te fueran a sacar de cetosis. También quería crear opciones de postres que pudieras disfrutar sin sentir que te estás tomando un "día de trampa".

En este libro, encontrarás recetas para las cuatro estaciones del año, desde el otoño hasta el invierno, hasta los meses más cálidos de primavera y verano. ¡Y la mejor parte es que cada receta solo te costará cinco gramos de carbohidratos netos o menos!

Espero que este libro de postres se convierta en un elemento básico en tu cocina y que le devuelve un poco de alegría a la creación y disfrute de algunas golosinas libres de culpa.

Me encantaría recibir tus comentarios, y si tienes alguna pregunta sobre alguna de las recetas, no dudes en enviarme un correo electrónico a:

Elizabeth@ketojane.com

También te podría gustar

POR FAVOR, VISITA EL SIGUIENTE ENLACE PARA QUE VEAS OTROS LIBROS DE LA AUTORA.

http://ketojane.com/libro

CONTENIDO

Introducción 3

También Te Podría Gustar 4

Cómo Funciona Este Libro 9

Tu Guía para Preparar Deliciosos Postres Cetogénicos 11

Equipo de Cocina Útil para Hornear Postres Cetogénicos 13

Recetas de Otoño 16

GALLETAS 17

Galletas de Mantequilla de Maní con Huella Digital (SG, SL) 17

Las Mejores Galletas de Chispas de Chocolate Cetogénicas con Especias de Otoño (SG) 18

Galletas de Nuez Moscada y Canela con Glaseado de Vainilla Sin Carbohidratos (SG) 19

BOCADILLOS DE DULCE DE LECHE/SALADOS 20

Bombas de Grasa de Pastel de Queso con Calabaza (SG) 20

Bocadillos Salados con Sal de Mar y Caramelo de Dulce de Leche (SG, SL, V) 21

Dulce de Leche de Mantequilla de Maní (SG, SL, V) 22

Trufas de Chocolate (SG) 23

DONAS/SCONES 24

Donas de Canela y Clavo (SG) 24

Scones de Maple y Canela (SG) 25

BEBIDAS DE POSTRE 26

Chocolate Caliente con Especias de Otoño (SG, SL, V) 26

DELICIAS FRÍAS 27

Mousse de Cacao con Especias y Calabaza (SL, SG, V, P) 27

Batido de Crema de Coco y Tarta de Calabaza (SG, SL, V, P) 28

Crema Batida de Maple y Nuez (SG) 29

Recetas de Invierno 30

GALLETAS 31

Galletas de Chispas de Chocolate con Mega Trozos de Chocolate (SG) 31

Mini Galletas Masticables de Brownie (SG) 32

Galletas de Pan de Jengibre Cetogénicas (SG) 33

Galletas de Azúcar Especiada con Copos de Nieve de Navidad (SG) 34

BOCADILLOS SALADOS Y CHOCOLATE 35

Los Mejores Bocadillos Salados de Tarta de Manzana Bajos en Carbohidratos (SG, SL, V, P) 35

Bombas de Grasa de Frambuesa con Chocolate para el Día de San Valentín (SG) 36

Corteza de Chocolate Oscuro y Menta (SG, SL, V, P) 37

BROWNIES, TARTAS Y PAN 38

Rubias (SG, SL, V, P) 38

Brownies de Ponche de Huevo 39

Bocadillos Sabrosos de Tarta de Nuez Pecana Inspirados en Navidad (SL, SG, P) 40

Pastel de Pan de Café con Glaseado de Vainilla Sin Carbohidratos (SG) 41

Pan de Navidad de Chocolate y Menta (SG) 42

Magdalenas de Chocolate con Especias Navideñas con Glaseado de Crema de Mantequilla (SG) 43

DELICIAS FRÍAS 45

Parfait de Nuez Con Streusel de Canela (SG) 45

Recetas de Primavera 46

BOCADILLOS SALADOS Y CHOCOLATES 47

Vasos Saltamontes de Chocolate (SG, SL, P) 47

Bombas de Grasa de Samoas (SG) 48

Bombas de Grasa de Pastel de Zanahoria para el Día de Pascua (SG, V, P) 49

Vasos de Mantequilla de Almendras (SG, SL, P) 50

Bocadillos Sabrosos de Limón y Coco (SG) 51

BROWNIES & PASTEL 52

Brownies para el Día de San Patricio (SG) 52

Pastel De Cumpleaños Con Chispas de Colores Divertidos (SG) 53

DELICIAS FRÍAS 54

Batido de Mantequilla de Almendras con Vainilla y Sal de Mar (SG, SL, P) 54

Sundae de Helado de Frambuesa (SG, SL, P) 55

Yogur Congelado De Fresa y Menta (SG) 56

Pudin de Pastel de Crema de Coco Inspirado en la Pascua (SG) 57

Pudin de Tarta de Limón (SG) 58

Batido con Masa de Brownie y Pistache (SG) 59

Recetas de Verano 60

BOMBAS DE GRASA Y MOUSSE 61

Bombas de Grasa Congeladas de Masa de Galletas (SG, SL, P) 61

Bombas de Grasa con Trozos Grandes de Brownie (SG, SL, P) 62

Mousse de Fresa (SG) 63

DELICIAS FRÍAS 64

Batido de Mantequilla de Maní con Chocolate Súper Cremoso (SL, SG) 64

Helado Decadente de Zarzamora (Sin Batir) (SG) 65

Helado de Frambuesas y Crema (Sin Batir) (SG) 66

"Yogur" Congelado Vegano de Mora Azul (SG, SL, P) 67

Paletas de "Yogur" Congelado de Fresas y Crema (SG) 68

Paletas de Crema de Naranja (SG) 69

Batido Sabroso de Moca (SG) 70

Paletas de Chispas de Chocolate y Coco (SG, SL, P) 71

Pudin de Menta, Chocolate y Almendra (SG, SL, P) 72

Parfait de Crema Batida de Fresa Casera (SG) 73

CÓMO FUNCIONA
Este Libro

Este libro de cocina contiene consejos útiles de horneado para ayudarte a obtener los mejores resultados posibles. También te ofrezco sugerencias para darte una idea de con qué combina bien cada una de estas recetas.

También observarás que hay cinco símbolos en la parte superior derecha de cada receta. A continuación te detallo la clave para dichos símbolos:

 **TIEMPO DE PREPARACIÓN:**

Tiempo requerido para preparar la receta. Este no incluye el tiempo de cocción.

 **TIEMPO DE COCCIÓN:**

Tiempo requerido para cocinar la receta. Este no incluye el tiempo de preparación.

 **PORCIONES:**

Es la cantidad de porciones que se obtienen con cada receta. Estas se pueden ajustar. Por ejemplo, al duplicar la cantidad de todos los ingredientes, puedes hacer el doble de porciones.

NIVEL DE DIFICULTAD:

1 Receta fácil de preparar que se puede elaborar con unos cuantos ingredientes y en poco tiempo.

2 ¡Estas recetas son un poco más difíciles y requieren mucho tiempo, pero siguen siendo bastante fáciles, incluso para principiantes!

3 Receta más avanzada para el cocinero aventurero. No verás demasiadas recetas de Nivel 3 en este libro. Estas recetas son ideales para cuando tienes un poco más de tiempo libre.

COSTO:

$: Receta de postre cotidiano de bajo presupuesto.

$$: Receta de postre a mitad del camino, con un precio moderado.

$$$: Receta más cara que es ideal para servirla en una fiesta. Estas recetas contienen ingredientes más caros.

ETIQUETAS DIETÉTICAS

También incluí etiquetas dietéticas para cada receta de modo que puedas ver rápidamente si una receta es vegetariana, sin gluten, sin lácteos o que sirve para la dieta paleolítica (Paleo).

- **SG** Sin gluten
- **SL** Sin lácteos
- **V** Vegetariana
- **P** Paleo

TU GUÍA PARA PREPARAR DELICIOSOS
Postres Cetogénicos

Con el fin de ayudarte a comenzar, preparé una guía rápida sobre cómo puedes sacar el máximo provecho del horneado y cómo puedes hacer que el batido de los postres cetogénicos sea divertido y delicioso.

A continuación te doy algunos consejos para ayudarte a preparar el postre cetogénico más delicioso ¡que hayas probado hasta ahora!

#1

ENFÓCATE EN LA CALIDAD: Aquí lo que realmente importa es la calidad. Me aseguré de mantener estas recetas lo suficientemente simples como para que puedas saborear ese extracto de vainilla o los toques del coco rallado. Lo deseable es que puedas saborear estos sabores, así que concéntrate en obtener un extracto puro de vainilla de alta calidad y especias para hornear de alta calidad para resaltar realmente los sabores.

#2 CONSIGUE ESTEVIA CON SABOR NATURAL: Notarás que uso estevia en muchas de estas recetas por un par de razones. Por un lado, mantiene baja la cantidad de carbohidratos, y por el otro, puedes tener algunas opciones de estevia con sabor (mi favorita es la crema de vainilla) que le da un toque agradable a las recetas que requieren horneado. Solo asegúrate de comprar los edulcorantes con sabor natural en lugar de los que tienen sabor artificial.

#3 ENFÓCATE EN LA GRASA: Nosotros, los que seguimos la dieta cetogénica, estamos acostumbrados a agregar mucha grasa a nuestra dieta, y cuando se trata de estas recetas de postres, utilizo mucho aceite de coco y mantequilla, ¡así que asegúrate de abastecerte de estos! Los usarás generosamente en muchas de las recetas.

#4 VUÉLVELAS PALEO: ¿Quieres que tus recetas sean compatibles con la dieta paleolítica? Haz la prueba de cambiar los lácteos usando leche de coco en lugar de leche y aceite de coco en lugar de mantequilla.

#5 DIVIÉRTETE: No a todo el mundo le encanta hornear, así que me propuse que estas recetas fueran sencillas y no requirieran mucho tiempo para que pudiéramos devolverle la diversión al horneado de recetas compatibles con la dieta cetogénica. ¡Diviértete cuando lo hagas! Después de todo, el resultado final será un postre delicioso que podrás disfrutar sin culpa.

EQUIPO DE COCINA ÚTIL PARA EL HORNEADO DE *Postres Cetogénicos*

A continuación encontrarás las 'herramientas' que te recomiendo para preparar postres increíbles. Si aún no los tienes, puse un enlace en los equipos que te recomiendo comprar (que personalmente uso) que te llevará a la página de Amazon.

- Mini molde de silicón para magdalenas
- Espátulas de silicón antiadherente para hornear
- Bandeja para hornear de 23X33
- Papel pergamino sin blanquear

- Juego de batidores de silicón
- Jarabe de chocolate sin azúcar
- Colorante alimenticio natural
- Estevia líquida con sabor a crema de vainilla
- Juego de moldes para paletas
- Licuadora Vitamix
- Tapete de silicón para hornear
- Rejilla para enfriar galletas
- Mis cucharas medidoras de acero inoxidable favoritas
- Tazas medidoras apilables
- Recipientes para almacenar alimentos de vidrio

Lista de Compras
DE INGREDIENTES BÁSICOS PARA HORNEAR POSTRES CETOGÉNICOS

Esta es una lista de algunos de los ingredientes básicos que necesitarás para muchas de las recetas que se encuentran en este libro.

EDULCORANTES
- Estevia
- Swerve
- Fruta del monje (Monk fruit)

GRASAS/ACEITES
- Aceite de coco
- leche entera de coco enlatada

HARINA
- Harina de almendra

LÁCTEOS Y HUEVOS
- Mantequilla
- Huevos

OTRAS COSAS QUE NECESITAS PARA HORNEAR
- Extracto puro de vainilla
- Polvo para Hornear
- Canela molida

UNA NOTA SOBRE LOS EDULCORANTES E
Ingredientes Especiales

Con el fin de darle variedad a estas recetas de postres, encontrarás diferentes edulcorantes bajos en carbohidratos. Sin embargo, siéntete con la libertad de cambiar uno por el otro. Por ejemplo, si prefieres la estevia sobre el eritritol, ¡usa estevia! Si no puedes encontrar la fruta del monje, haz la prueba de usar Swerve en su lugar. Siéntete libre de usar tu creatividad y utiliza cualquier edulcorante bajo en carbohidratos que prefieras en cada receta.

Lo mismo ocurre con ciertos ingredientes especiales como el polvo para hornear sin aluminio. Con el propósito de hacer que muchas de estas recetas sean amigables con la dieta paleolítica, además de estar aprobadas para la dieta cetogénica, encontrarás que una receta requiere polvo para hornear sin aluminio y sin gluten. Siéntete libre de usar polvo de hornear regular si no puedes encontrar la versión sin aluminio y sin gluten.

Muchas recetas también requieren estevia líquida de vainilla, ¡sin embargo, puedes usar estevia líquida regular o un sabor de tu elección!

También encontrarás algunas recetas que requieren ghee. Si no puedes encontrar ghee, puedes usar mantequilla en su lugar.

Estas recetas están diseñadas para ser deliciosas y devolverle la diversión a los postres cetogénicos que requieren horneado, ¡así que siéntete con la libertad de ajustar los ingredientes a tu gusto y preferencia!

Recetas DE OTOÑO

GALLETAS

Galletas de Mantequilla de Maní con Huella Digital

Las Mejores Galletas de Chispas de Chocolate Cetogénicas con Especias de Otoño

Galletas de Nuez Moscada y Canela con Glaseado de Vainilla Sin Carbohidratos

BOCADILLOS DE DULCE DE LECHE/SALADOS

Bombas de Grasa de Pastel de Queso con Calabaza
21

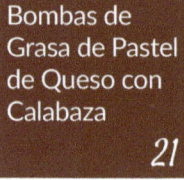

Bocadillos Salados con Sal de Mar y Caramelo de Dulce de Leche

Dulce de Leche de Mantequilla de Maní

Trufas de Chocolate

DONAS/SCONES

Donas de Canela y Clavo

Scones de Maple y Canela
26

BEBIDAS DE POSTRE

Chocolate Caliente con Especias de Otoño

DELICIAS FRÍAS

Mousse de Cacao con Especias y Calabaza

Batido de Crema de Coco y Tarta de Calabaza

Crema Batida de Maple y Nuez

Galletas DE MANTEQUILLA DE MANÍ CON HUELLA DIGITAL

Nivel de Dificultad: 2 | 20 minutos (más el tiempo de enfriamiento) | 8-10 minutos | 16 porciones (1 galleta por porción) $$

SG SL

INGREDIENTES:

- 2 tazas de mantequilla de maní sin azúcar (usa mantequilla de almendras para hacer la versión paleo)
- 2 huevos
- 2 cucharaditas de estevia líquida
- 1 cucharadita de extracto puro de vainilla
- 1 cucharadita de polvo para hornear sin gluten y sin aluminio

Relleno:

- ½ taza de aceite de coco
- ½ taza de chispas de chocolate oscuro sin azúcar

Información Nutricional:

Carbohidratos: 8 g **Grasa:** 27 g
Fibra: 3 g **Proteína:** 8 g
Carbohidratos Netos: 5 g **Calorías:** 298

INSTRUCCIONES:

1. Precalienta el horno a 180°C y forra una bandeja para hornear con papel pergamino.
2. Agrega la mantequilla de maní y los huevos a un tazón y revuelve.
3. Añade el resto de los ingredientes y mezcla bien.
4. Forma círculos de 2.5 cm y acomódalas en una bandeja para hornear forrada de papel pergamino.
5. Con el pulgar, presiona el centro de cada galleta.
6. Hornea durante 8-10 minutos o hasta que las orillas comiencen a dorarse.
7. Mientras las galletas se están horneando, agrega el aceite de coco y las chispas de chocolate oscuro a una olla a fuego bajo-medio y revuelve hasta que se derrita.
8. Una vez que las galletas estén listas, coloca aproximadamente 1 cucharadita de la mezcla de chocolate en el centro de cada galleta.
9. Permite que el centro de chocolate se endurezca y disfrútalas.

Instrucciones para la Preparación:

También puedes usar mermelada sin azúcar en el centro de estas galletas si no te encanta el chocolate. Agrega la mermelada antes de que las galletas entren al horno.

Sugerencias para Servir:

Sirve con un vaso de leche de almendras sin azúcar.

LAS MEJORES GALLETAS DE CHISPAS DE CHOCOLATE CETOGÉNICAS CON *Especias de Otoño*

Nivel de Dificultad : 2 | 10 minutos (más el tiempo de enfriamiento) | 14-16 minutos | 12 porciones (1 galleta por porción) $$

INGREDIENTES:

- 2 tazas de harina de almendras finamente molida
- 2 huevos
- ½ taza de mantequilla derretida (usa aceite de coco para hacer la versión paleo)
- ½ taza de granos de cacao
- 3 cucharadas de edulcorante de fruta del monje
- 1 cucharadita de polvo para hornear sin gluten y sin aluminio
- 1 cucharadita de especias para tarta de calabaza
- ½ cucharadita de canela molida
- 1 cucharadita de extracto puro de vainilla
- ½ cucharadita de sal de mar

INSTRUCCIONES:

1. Precalienta el horno a 180°C y forra una bandeja para hornear con papel pergamino.
2. Agrega la mantequilla derretida, la vainilla y los huevos a un tazón y mezcla.
3. Agrega todos los ingredientes secos a un tazón para mezclar menos los granos de cacao y mezcla bien.
4. Agrega la mezcla húmeda a los ingredientes secos, bate hasta que no queden grumos.
5. Agrega de forma envolvente los granos de cacao.
6. Con una cuchara pon porciones redondas de la masa, haciendo 12 galletas grandes, en una bandeja para hornear forrada con papel pergamino y hornea durante 14-16 minutos o hasta que las orillas estén doradas.
7. Enfría y ¡disfruta!

Instrucciones para la Preparación:

También puedes usar chispas de chocolate oscuro sin azúcar si no puedes encontrar granos de cacao.

Sugerencias para Servir:

Sirve con un vaso de leche de almendras sin azúcar.

Información Nutricional:

Carbohidratos: 6 g
Fibra: 2 g
Carbohidratos Netos: 4 g
Grasa: 14 g
Proteína: 3 g
Calorías: 158

Galletas DE NUEZ MOSCADA Y CANELA

CON GLASEADO DE VAINILLA SIN CARBOHIDRATOS

- Nivel de Dificultad: 1
- 10 minutos
- 14-16 minutos
- 14 porciones (1 galleta por porción) $$

SG

INGREDIENTES:

- 2 ½ tazas de harina de almendras finamente molida
- 2 huevos
- ½ taza de mantequilla derretida (usa aceite de coco para hacer la versión paleo)
- 3 cucharadas de edulcorante de fruta del monje (usa jarabe de maple para hacer la versión paleo)
- 1 cucharadita de polvo para hornear sin gluten y sin aluminio
- 1 cucharadita de nuez moscada molida
- 1 cucharadita de canela molida
- 1 cucharadita de extracto puro de vainilla
- ½ cucharadita de sal de mar

Glaseado:

- 1 taza de crema espesa para batir (usa crema de coco sin azúcar para hacer la versión paleo)
- ¼ de taza de Swerve (usa jarabe de maple puro para hacer la versión paleo)
- 2 cucharaditas de extracto puro de vainilla

Información Nutricional:

Carbohidratos: 6 g   **Grasa:** 13 g
Fibra: 1 g   **Proteína:** 2 g
Carbohidratos Netos: 5 g   **Calorías:** 130

INSTRUCCIONES:

1. Precalienta el horno a 180°C y forra una bandeja para hornear con papel pergamino.
2. Agrega la mantequilla derretida, la vainilla y los huevos a un tazón y mezcla.
3. Agrega todos los ingredientes secos, excepto los granos de cacao, a un tazón y mezcla bien.
4. Agrega la mezcla húmeda a los ingredientes secos, bate hasta que no queden grumos.
5. Con una cuchara pon porciones redondas de la masa, haciendo 14 galletas, en una bandeja para hornear forrada con papel pergamino y hornea durante 14-16 minutos o hasta que las orillas estén doradas.
6. Mientras las galletas se están horneando, prepara el glaseado de vainilla agregando todos los ingredientes a una licuadora de alta velocidad, o agrégalos a un tazón para mezclar y, con una batidora de mano, bate hasta que se formen picos suaves.
7. Deja que las galletas se enfríen y luego cúbrelas con una cucharada de glaseado de vainilla.

Instrucciones para la Preparación:

Puedes agregar una cucharada de cacao crudo sin azúcar para que estas galletas sean aún más deliciosas.

Sugerencias para Servir:

Sirve con un vaso de leche de almendras sin azúcar.

Recetas de Otoño

Bocadillos de Dulce de Leche/Salados

Bombas de Grasa
DE PASTEL DE QUESO CON CALABAZA

INGREDIENTES:
- 1 taza de queso crema batido
- 2 cucharadas de ghee
- ¼ de taza de puré de calabaza puro
- 1 cucharadita de especias para tarta de calabaza
- 1 cucharadita de extracto puro de vainilla
- 10 gotas de estevia líquida sabor vainilla

INSTRUCCIONES:
1. Agrega el queso crema batido, el ghee y el puré de calabaza a un procesador de alimentos o a una licuadora y procesa hasta que la mezcla esté suave y "esponjosa".
2. Agrega las especias para tarta de calabaza, el extracto de vainilla y la estevia, y vuelve a batir.
3. Vierte la mezcla en moldes de silicón para hornear. Alternativamente, forra mini moldes para panquecitos con capacillos y coloca aproximadamente 1 cucharada de la mezcla en cada molde de silicón o en cada cavidad del molde para panquecitos.
4. Congela durante aproximadamente 1 hora antes de servir, y guarda las sobras en el congelador.

Instrucciones para la Preparación:
Puedes usar mantequilla regular en lugar de ghee si lo prefieres.

Sugerencias para Servir:
Sirve con una taza de café o té caliente para disfrutar de un delicioso manjar después de la cena.

Información Nutricional:
Carbohidratos: 5 g
Fibra: 0 g
Carbohidratos Netos: 5 g
Grasa: 13 g
Proteína: 2 g
Calorías: 133

Bocadillos SALADOS CON SAL DE MAR Y CARAMELO DE DULCE DE LECHE

INGREDIENTES:

- 1 taza de aceite de coco
- 10 gotas de estevia líquida sabor vainilla
- ¼ de taza de cacao puro en polvo sin azúcar
- 1 cucharadita de extracto puro de vainilla
- 1 cucharadita de extracto de caramelo sin azúcar
- 1 pizca de sal de mar

INSTRUCCIONES:

1. Forra unos mini moldes de magdalenas con capacillos; agrega el aceite de coco y la estevia a un tazón y mezcla con una batidora de mano.
2. Agrega el cacao en polvo, la vainilla, el extracto de caramelo y la sal.
3. Vierte la mezcla en los moldes forrados y congela durante unos 20 minutos o hasta que esté firme.
4. Disfrútalos y guarda las sobras bien tapadas en el congelador.

Instrucciones para la Preparación:

También puedes usar moldes de silicón para magdalenas para hacer esta receta.

Sugerencias para Servir:

Sirve con un vaso de leche de almendras sin azúcar.

Información Nutricional:

Carbohidratos: 1 g   **Grasa:** 22 g

Fibra: 1 g   **Proteína:** 0 g

Carbohidratos Netos: 0 g   **Calorías:** 194

Dulce de Leche
DE MANTEQUILLA DE MANÍ

Nivel de Dificultad : 1 | 15 minutos (más el tiempo de enfriamiento) | 0 minutos | 10 porciones (1 pieza por porción) $$

SG SL V

INGREDIENTES:

- 1 taza de aceite de coco
- 10 gotas de estevia líquida
- ½ taza de mantequilla de maní sin azúcar (usa mantequilla de almendras para hacer la versión paleo)
- 1 cucharadita de extracto puro de vainilla
- 1 pizca de sal de mar

INSTRUCCIONES:

1. Forra una bandeja para hornear con papel pergamino y agrega el aceite de coco y la estevia a un tazón y bate con una batidora de mano.
2. Agrega la mantequilla de maní, la vainilla y la sal.
3. Con ayuda de una cuchara pon la mezcla en la bandeja para hornear forrada y aplánala hasta que tenga aproximadamente 2.5 cm de espesor.
4. Congela por alrededor de 20 minutos o hasta que esté firme y corta en cuadrados pequeños.
5. Guarda las sobras bien tapadas en el congelador.

Información Nutricional:

Carbohidratos: 3 g Grasa: 28 g
Fibra: 1 g Proteína: 2 g
Carbohidratos Netos: 2 g Calorías: 261

Instrucciones para la Preparación:

También puedes convertirlos en mini bocados de dulce de azúcar utilizando moldes de silicón para hacer mini magdalenas.

Sugerencias para Servir:

Sírvelos con una taza de té o café.

Trufas
DE CHOCOLATE

Nivel de Dificultad : 2 | 10 minutos (más el tiempo de enfriamiento) | 5 minutos | 18 (1 trufa por porción) $$

SG

INGREDIENTES:

- 1 taza de chispas de chocolate oscuro sin azúcar
- 4 cucharadas de mantequilla
- ¾ de taza de crema espesa
- ¼ de taza de Swerve
- ½ cucharadita de extracto puro de vainilla
- ½ taza de cacao crudo sin azúcar en polvo para la cobertura

INSTRUCCIONES:

1. Agrega las chispas de chocolate y la mantequilla a una olla a fuego lento. Revuelve hasta que se derritan.
2. Agrega el Swerve y el extracto de vainilla.
3. Retira del fuego y agrega la crema espesa.
4. Refrigera la mezcla durante al menos 4 horas.
5. Una vez que esté fría, saca la mezcla de chocolate endurecido con una pequeña cuchara para galletas y colócala en una bandeja para hornear forrada de pergamino.
6. Espolvorea con el cacao en polvo y refrigera hasta que estén listas para disfrutarlas.

Información Nutricional:

Carbohidratos: 8 g **Grasa:** 12 g

Fibra: 3 g **Proteína:** 2 g

Carbohidratos Netos: 5 g **Calorías:** 135

Instrucciones para la Preparación:

Si lo deseas puedes usar 1 cucharadita de estevia en lugar de Swerve.

Sugerencias para Servir:

Sírvelas con una taza de té o café.

Recetas de Otoño

Donas/Scones

Donas DE CANELA Y CLAVO

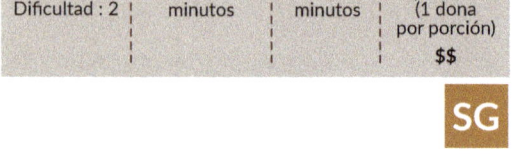

Nivel de Dificultad : 2 | 20 minutos | 0 minutos | 6 porciones (1 dona por porción) $$

SG

INGREDIENTES:

- 1 taza de harina de almendras finamente molida
- 2 huevos
- ¼ de taza de mantequilla sin sal, derretida (usa ghee derretido para hacer la versión paleo)
- ¼ de taza de crema espesa (usa leche entera de coco sin azúcar para hacer la versión paleo)
- 1 cucharadita de canela molida
- ¼ de cucharadita de clavos molidos
- 2 cucharaditas de polvo para hornear sin gluten y sin aluminio
- 1 cucharadita de extracto puro de vainilla
- 2 cucharaditas de estevia líquida
- Aceite de coco para engrasar

Cobertura de Canela y Clavo:

- ½ taza de aceite de coco fundido
- 2 cucharadas de fruta del monje, edulcorante
- 1 cucharada de canela molida
- ¼ de cucharadita de clavos molidos

Información Nutricional:

Carbohidratos: 4 g	**Grasa:** 31 g
Fibra: 2 g	**Proteína:** 3 g
Carbohidratos Netos: 2 g	**Calorías:** 299

INSTRUCCIONES:

1. Precalienta el horno a 180°C y engrasa una bandeja para donas
2. Agrega todos los ingredientes secos a un tazón grande y revuelve para hacer la mezcla de dona.
3. Bate los huevos, la mantequilla derretida, la crema espesa, la vainilla y la estevia en un tazón aparte, y luego agrega lentamente en la mezcla seca. Bate hasta que no queden grumos.
4. Vierte la mezcla en el molde para donas previamente engrasado y hornea durante 20-25 minutos.
5. Mientras las donas se están horneando, prepara la cobertura de canela y clavo batiendo la fruta del monje, la canela y el clavo molido en un tazón grande. Reserva.
6. Una vez que las donas estén listas, deja que se enfríen y luego derrite el aceite de coco en un tazón grande. Sumerge las donas en el aceite derretido, cubriendo ambos lados.
7. Inmediatamente espolvoréalas con la mezcla de canela y clavo. Si gustas, también puedes espolvorearles un poco de estevia en polvo.

Instrucciones para la Preparación:

Si no te encantan los clavos, puedes usar canela, aumentando la cantidad a 1¼ de cucharadita en la mezcla de donas y 1 ¼ de cucharada en la mezcla de la cobertura.

Sugerencias para Servir:

Sirve con una cucharada de queso crema si lo deseas.

Scones DE MAPLE Y CANELA

INGREDIENTES:

- 1¼ de taza de harina de almendras finamente molida
- ¼ de taza de leche de coco sin azúcar
- 1 huevo
- ¼ de taza de edulcorante de fruta del monje
- 1 cucharadita de polvo para hornear sin gluten y sin aluminio
- 2 cucharadas de mantequilla derretida (usa aceite de coco para hacer la versión paleo)
- 1 cucharadita de extracto puro de vainilla
- 1 cucharadita de canela molida
- 1 cucharadita de extracto de maple sin azúcar (usa 1 cucharada de jarabe de maple puro para hacer la versión paleo)
- ½ cucharadita de sal de mar

Nivel de Dificultad: 2 | 15 minutos | 20 minutos | 6 porciones (1 scone por porción) $$

SG

INSTRUCCIONES:

1. Precalienta el horno a 180°C y forra una bandeja para hornear con papel pergamino.
2. Agrega los ingredientes secos a un tazón grande y mezcla bien.
3. Agrega la leche de coco, el huevo, la mantequilla derretida, el extracto de vainilla y el extracto de maple. Mezcla bien.
4. Haz una bola grande con la masa y ponla en una bandeja para hornear y aplánala hasta que tenga aproximadamente 2.5 cm de espesor.
5. Córtala en 6 trozos triangulares y hornea durante unos 20 minutos o hasta que las orillas comiencen a dorarse.
6. Enfría y ¡disfruta!

Instrucciones para la Preparación:

Si lo deseas, puedes agregar fruta fresca como frambuesas a la masa.

Sugerencias para Servir:

Sirve con queso crema batido si lo deseas.

Información Nutricional:

Carbohidratos: 3 g

Fibra: 2 g

Carbohidratos Netos: 1 g

Grasa: 10 g

Proteína: 3 g

Calorías: 105

Bebidas de Postre

Chocolate CALIENTE CON ESPECIAS DE OTOÑO

Nivel de Dificultad : 1 | 5 minutos | 5 minutos | 1 porción (aprox. ½ taza) $

INGREDIENTES:

- ½ taza de leche de entera coco sin azúcar
- 1 cucharada de cacao puro en polvo sin azúcar
- ¼ de cucharadita de canela molida
- ⅛ de cucharadita de nuez moscada molida
- ⅛ de cucharadita de clavos molidos
- 1 cucharadita de extracto puro de vainilla
- 1 gota de estevia líquida con sabor a crema de vainilla

INSTRUCCIONES:

1. Agrega todos los ingredientes a una olla a fuego bajo o medio y bate hasta que se caliente.
2. ¡Vierte en tu taza favorita y disfruta!

Instrucciones para la Preparación:

Agrega una pizca de especias para tarta de calabaza si lo deseas.

Sugerencias para Servir:

Sirve con una cucharada de crema batida sin azúcar si lo deseas.

Información Nutricional:

Carbohidratos: 10 g	**Grasa:** 30 g
Fibra: 5 g	**Proteína:** 4 g
Carbohidratos Netos: 5 g	**Calorías:** 292

Delicias Frías

Mousse DE CACAO CON ESPECIAS Y CALABAZA

Nivel de Dificultad: 1
15 minutos (más el tiempo de enfriamiento)
0 minutos
4 porciones (aprox. ¼ de taza por porción)
$$

SG SL V P

INGREDIENTES:

- 2 tazas de leche de coco enlatada sin azúcar entera (coloca la lata en el refrigerador durante toda la noche)
- ½ taza de puré de calabaza puro
- 2 cucharadas de cacao puro en polvo sin azúcar
- ½ cucharadita de especias para tarta de calabaza
- 10 gotas de estevia líquida sabor vainilla

INSTRUCCIONES:

1. Agrega la crema de coco a una licuadora o procesador de alimentos, y bate durante unos 2 minutos hasta que esté cremosa.
2. Agrega el resto de los ingredientes y bate hasta que se integren.
3. Sirve la mezcla con una cuchara en 4 vasos o tazones pequeños y enfría durante al menos 1 hora antes de servir.

Sugerencias para Servir:

Sirve con una pizca extra de especias para tarta de calabaza si lo deseas.

Información Nutricional:

Carbohidratos: 5 g **Grasa:** 8 g

Fibra: 2 g **Proteína:** 1 g

Carbohidratos Netos: 3 g **Calorías:** 87

Recetas de Otoño

BATIDO DE CREMA DE COCO Y
Tarta de Calabaza

Nivel de Dificultad : 1 | 10 minutos | 0 minutos | 2 porciones (aprox. ½ taza por porción) $$

SG SL V P

INSTRUCCIONES:

1. Agrega todos los ingredientes a una licuadora de alta velocidad y mezcla hasta que tenga una consistencia suave.
2. Disfruta de inmediato.

Instrucciones para la Preparación:

Para la leche de coco enlatada, mezcla primero el contenido de la lata con el fin de integrar la leche de coco y la crema de manera uniforme.

Sugerencias para Servir:

Si no estás evitando los lácteos, también puedes hacer esta receta con crema espesa.

INGREDIENTES:

- 1 taza de leche entera de coco sin azúcar
- ¼ de taza de puré de calabaza puro
- ¼ de cucharadita de especias para tarta de calabaza
- 1 cucharadita de extracto puro de vainilla

Información Nutricional:

Carbohidratos: 8 g **Grasa:** 29 g
Fibra: 3 g **Proteína:** 3 g
Carbohidratos Netos: 5 g **Calorías:** 288

Crema Batida
DE MAPLE Y NUEZ

Nivel de Dificultad: 2 | 20 minutos (más el tiempo de enfriamiento) | 0 minutos | 8 porciones (aprox. ¼ de taza por porción) $$

SG

INGREDIENTES:

- 2 tazas de crema espesa para batir
- 2 cucharadas de ghee
- 2 cucharaditas de extracto de maple sin azúcar
- 1 cucharadita de extracto puro de vainilla
- 1 taza de nueces picadas
- 10 gotas de estevia líquida sabor vainilla
- ½ cucharadita de goma guar

INSTRUCCIONES:

1. Pon un tazón grande en el refrigerador y déjalo enfriar por alrededor de 20 minutos.
2. Saca el recipiente frío y agrega la crema batida espesa. Bate con una licuadora de mano hasta que se formen picos rígidos.
3. Agrega el resto de los ingredientes menos las nueces y la goma guar. Bate hasta que todo se integre bien.
4. Agrega de manera envolvente y con cuidado las nueces picadas y la goma guar, luego guarda la mezcla en un recipiente hermético en el congelador durante toda la noche o durante por lo menos 8 horas antes de disfrutarlo.

Instrucciones para la Preparación:

Puedes prepararlo con anticipación, guardarlo en el refrigerador y luego batirlo otra vez antes de servirlo.

Sugerencias para Servir:

Sirve con un tazón de tu helado cetogénico favorito.

Información Nutricional:

Carbohidratos: 3 g **Grasa:** 24 g

Fibra: 1 g **Proteína:** 4 g

Carbohidratos Netos: 2 g **Calorías:** 230

Recetas de Otoño

GALLETAS

Galletas de Chispas de Chocolate con Mega Trozos de Chocolate 31

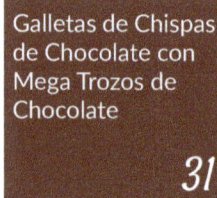

Mini Galletas Masticables de Brownie 32

Galletas de Pan de Jengibre Cetogénicas 33

Galletas de Azúcar Especiada con Copos de Nieve de Navidad 34

BOCADILLOS SALADOS Y CHOCOLATE

Los Mejores Bocadillos Salados de Tarta de Manzana Bajos en Carbohidratos 35

Bombas de Grasa de Frambuesa con Chocolate para el Día de San Valentín 36

Corteza de Chocolate Oscuro y Menta 37

BROWNIES, TARTAS Y PAN

Rubias

Brownies de Ponche de Huevo

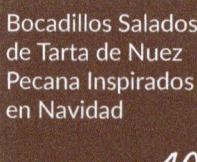

Bocadillos Salados de Tarta de Nuez Pecana Inspirados en Navidad 40

Pastel de Pan de Café con Glaseado de Vainilla Sin Carbohidratos

Pan de Navidad de Chocolate y Menta

Magdalenas de Chocolate con Especias Navideñas con Glaseado de Crema de Mantequilla

Recetas DE INVIERNO

DELICIAS FRÍAS

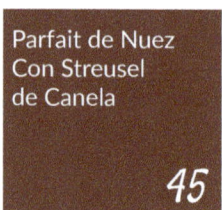

Parfait de Nuez Con Streusel de Canela 45

Galletas de Chispas
DE CHOCOLATE CON MEGA TROZOS DE CHOCOLATE

INGREDIENTES:

- 2 tazas de harina de almendras finamente molida
- 2 huevos
- ½ taza de mantequilla derretida (usa aceite de coco para hacer la versión paleo)
- ½ taza de trozos de chocolate oscuro sin azúcar
- 3 cucharadas de edulcorante de fruta del monje
- 1 cucharadita de polvo para hornear sin gluten y sin aluminio
- 1 cucharadita de extracto puro de vainilla
- ½ cucharadita de sal de mar

Nivel de Dificultad: 1 | 15 minutos | 14-16 minutos | 16 porciones (1 galleta por porción) $$

SG

INSTRUCCIONES:

1. Precalienta el horno a 180°C y forra una bandeja para hornear con papel pergamino.
2. Agrega los huevos, la mantequilla derretida y la vainilla a un tazón grande y bate.
3. Agrega el resto de los ingredientes y mezcla bien.
4. Con una cuchara sirve porciones redondeadas de la mezcla en una bandeja para hornear forrada con papel pergamino y hornea durante 14-16 minutos o hasta que las orillas comiencen a dorarse.

Instrucciones para la Preparación:

También puedes usar 1 cucharadita de estevia en lugar de fruta del monje si lo prefieres.

Sugerencias para Servir:

Sirve con una taza de leche de almendras sin azúcar.

Información Nutricional:

Carbohidratos: 3 g

Fibra: 1 g

Carbohidratos Netos: 2 g

Grasa: 12 g

Proteína: 3 g

Calorías: 130

MINI *Galletas* MASTICABLES DE BROWNIE

Nivel de Dificultad: 1 | 10 minutos (más el tiempo de refrigeración) | 0 minutos | 20 porciones (1 galleta por porción) $$

SG

INGREDIENTES:

- ⅓ de taza de harina de coco, tamizada
- ¼ de taza de cacao puro en polvo sin azúcar
- ½ taza de granos de cacao
- 1 taza de mantequilla derretida (usa ghee para hacer la versión paleo)
- 2 huevos
- ½ de taza de Swerve
- 1 cucharadita de extracto puro de vainilla
- ½ cucharadita de sal de mar

Instrucciones para la Preparación:

Si lo prefieres, puedes usar 1 cucharadita de estevia en polvo en lugar del Swerve.

Sugerencias para Servir:

Sirve con un vaso de almendras o de coco sin azúcar.

INSTRUCCIONES:

1. Precalienta el horno a 180°C y forra una bandeja para hornear con papel pergamino.
2. Agrega la mantequilla derretida, los huevos y la vainilla a un tazón grande y mezcla.
3. Agrega los ingredientes secos y mezcla hasta que no queden grumos.
4. Con una cuchara pon porciones redondeadas de masa en una bandeja para hornear y hornea durante 10-14 minutos o hasta que las orillas comiencen a ponerse crujientes y el centro de la galleta comience a estar firme.

Información Nutricional:

Carbohidratos: 4 g **Grasa:** 15 g
Fibra: 3 g **Proteína:** 1 g
Carbohidratos Netos: 1 g **Calorías:** 153

Galletas DE PAN DE JENGIBRE CETOGÉNICAS

Nivel de Dificultad : 2 | 15 minutos (más el tiempo de refrigeración) | 10-12 minutos | 18 porciones (1 galleta por porción) $$

SG

INGREDIENTES:

- 2 tazas de harina de almendras finamente molida
- 2 huevos
- 1 taza de mantequilla derretida (usa coco o ghee para hacer la versión paleo)
- ⅓ de taza de edulcorante de fruta del monje
- 1 cucharadita de polvo para hornear
- 1 cucharadita de canela molida
- ½ cucharadita de jengibre molido
- ¼ de cucharadita de nuez moscada molida
- ⅛ de cucharadita de clavos molidos
- 1 cucharadita de extracto puro de vainilla
- ⅛ de cucharadita de sal de mar
- 1 cucharadita de melaza

INSTRUCCIONES:

1. Precalienta el horno a 180°C y forra una bandeja para hornear con papel pergamino.
2. Agrega la harina de almendras, las especias, el polvo para hornear y la sal marina a un tazón grande y mezcla bien.
3. Agrega la mantequilla a un tazón grande y acrémala con una batidora de mano. Agrega la fruta del monje, la melaza y la vainilla, y vuelve a batir.
4. Agrega los huevos uno por uno, mezcla nuevamente hasta que se integren bien.
5. Vierte la mezcla de harina de almendras lentamente y mezcla con la batidora de mano hasta que se integre bien.
6. Con una cuchara pon porciones redondeadas de la mezcla en una bandeja para hornear forrada y presiona suavemente para aplanarlas. ¡Para darles un toque festivo adicional, usa tu cortador de galletas favorito inspirado en las fiestas!
7. Hornea de 10 a 12 minutos o hasta que las orillas comiencen a dorarse.
8. Déjalas enfriar antes de disfrutarlas.

Instrucciones para la Preparación:

Para acremar la mantequilla, si no tienes una batidora de mano, puedes agregar la mantequilla a un procesador de alimentos o a una licuadora de alta velocidad.

Sugerencias para Servir:

Sirve con un vaso de almendras o de coco sin azúcar.

Información Nutricional:

Carbohidratos: 5 g **Grasa:** 12 g

Fibra: 0 g **Proteína:** 1 g

Carbohidratos Netos: 5 g **Calorías:** 118

Recetas de Invierno

Galletas de Azúcar
ESPECIADA CON COPOS DE NIEVE DE NAVIDAD

INGREDIENTES:

- 1 taza de harina de almendra
- 2 cucharadas de harina de coco (tamizada)
- ½ cucharadita de polvo para hornear
- ¼ de cucharadita de nuez moscada molida
- ⅛ de cucharadita de clavos molidos
- ½ taza de mantequilla (usa aceite de coco o ghee para hacer la versión paleo)
- ¼ taza de eritritol
- 1 cucharadita de extracto puro de vainilla
- ⅛ de cucharadita de sal

Instrucciones para la Preparación:

Para acremar la mantequilla, también puedes usar una batidora de mano.

Sugerencias para Servir:

Sirve con un vaso de almendras o de coco sin azúcar.

INSTRUCCIONES:

1. Precalienta el horno a 180°C y forra una bandeja para hornear con papel pergamino.
2. Acrema la mantequilla agregándola a un procesador de alimentos. Procesa con la vainilla hasta que quede esponjosa.
3. Agrega el resto de los ingredientes a un tazón grande para mezclar y revuelve hasta que todo se integre bien.
4. Vierte la mezcla seca en la licuadora o procesador de alimentos lentamente y mezcla hasta que se integre bien.
5. Pon la masa en el refrigerador por alrededor de 15 minutos.
6. Una vez fría, coloca la masa en una bandeja para hornear forrada con pergamino y con un rodillo aplánala hasta que tenga aproximadamente 2.5 cm de espesor sobre una superficie engrasada. Alternativamente, puedes forrar otra bandeja para hornear grande con papel pergamino y extender la masa sobre la bandeja.
7. Con un cortador de galletas con forma de copos de nieve, corta las galletas y ponlas una bandeja para hornear forrada de pergamino.
8. Hornea durante 7-10 minutos o hasta que las orillas comiencen a dorarse.
9. ¡Enfría completamente antes de disfrutarlas!

Información Nutricional:

Carbohidratos: 5 g **Grasa:** 7 g
Fibra: 1 g **Proteína:** 1 g
Carbohidratos Netos: 4 g **Calorías:** 69

Bocadillos Salados y Chocolate

LOS MEJORES
Bocadillos Salados
DE TARTA DE MANZANA BAJOS EN CARBOHIDRATOS

INGREDIENTES:

- 1 taza de anacardos
- ½ taza de mantequilla de coco sin azúcar
- 1 manzana roja, pelada, finamente picada
- ½ cucharadita de canela molida
- ¼ de cucharadita de nuez moscada molida
- 1 cucharadita de extracto puro de vainilla
- ¼ de cucharadita de sal de mar

Instrucciones para la Preparación:

También puedes usar una manzana Granny Smith si lo prefieres.

Sugerencias para Servir:

Sirve con una taza de té caliente o de café.

INSTRUCCIONES:

1. Agrega los anacardos y la mantequilla de coco a un procesador de alimentos y procesa hasta que la mezcla integre.
2. Añade el resto de los ingredientes y procesa hasta que se mezclen bien.
3. Pon la mezcla en el refrigerador por 10 minutos.
4. Mientras la mezcla se enfría, forra una bandeja para hornear con papel pergamino.
5. Estira la masa fría con un rodillo y forma 16 círculos y ponlos en una bandeja para hornear forrada.
6. Refrigera por lo menos durante una hora antes de servir.
7. Guarda lo que sobre bien tapado en el refrigerador.

Información Nutricional:

Carbohidratos: 8 g **Grasa:** 13 g

Fibra: 3 g **Proteína:** 2 g

Carbohidratos Netos: 5 g **Calorías:** 150

Bombas de Grasa DE FRAMBUESA CON CHOCOLATE PARA EL DÍA DE SAN VALENTÍN

INGREDIENTES:

- 1 taza de queso crema batido
- 2 cucharadas de ghee
- ¼ de taza de chispas de chocolate oscuro sin azúcar
- ¼ de taza de frambuesas congeladas
- 1 cucharadita de extracto puro de vainilla
- 10 gotas de estevia líquida sabor vainilla

Nivel de Dificultad: 1 | 10 minutos (más el tiempo de refrigeración) | 0 minutos | 12 porciones (1 bomba de grasa por porción) $$

Instrucciones para la Preparación:
Puedes usar mantequilla en lugar de ghee si lo prefieres.

Sugerencias para Servir:
Sirve con una taza de café caliente para disfrutar un sabroso postre para el día de San Valentín.

INSTRUCCIONES:

1. Agrega el queso crema batido, el ghee y las frambuesas a un procesador de alimentos o licuadora y procesa hasta que la mezcla esté suave y esponjosa.
2. Agrega el extracto de vainilla y la estevia, y vuelve a procesar.
3. Agrega las chispas de chocolate oscuro de manera envolvente y luego vierte la mezcla en moldes de silicón para hornear, llenándolos totalmente.
4. Congela durante aproximadamente 1 hora antes de servir, y guarda las sobras en el congelador.

Información Nutricional:

Carbohidratos: 2 g   **Grasa:** 12 g

Fibra: 1 g   **Proteína:** 2 g

Carbohidratos Netos: 1 g   **Calorías:** 122

Corteza DE CHOCOLATE OSCURO Y MENTA

INGREDIENTES:

- ½ taza de aceite de coco
- ¼ de taza de leche entera de coco sin azúcar
- ¼ de taza de cacao puro en polvo sin azúcar
- ½ cucharadita de extracto de menta pura
- 2 cucharaditas de extracto puro de vainilla
- 10 gotas de estevia líquida sabor vainilla
- ¼ de cucharadita de sal de mar

Nivel de Dificultad: 2 | 10 minutos (más el tiempo de enfriamiento) | 5 minutos | 12 porciones (1 pieza por porción) $$

SG SL V P

Instrucciones para la Preparación:

También puedes agregar ¼ de taza de granos de cacao a la mezcla de chocolate para darle una textura crujiente.

Sugerencias para Servir:

Sirve con un vaso de leche de almendras sin azúcar.

INSTRUCCIONES:

1. Forra una bandeja para hornear con papel pergamino.
2. Agrega el aceite de coco a una cacerola a fuego medio bajo y calienta hasta que se derrita.
3. Mientras bates, agrega la leche de coco, el cacao en polvo, la menta y el extracto de vainilla.
4. Agrega la estevia y la sal de mar.
5. Vierte la mezcla en un molde para hornear forrado y congela durante 15-20 minutos o hasta que esté firme.
6. Una vez firme, corta en 12 pedazos y guarda las sobras bien tapadas en el refrigerador o en el congelador para su uso futuro.

Información Nutricional:

Carbohidratos: 1 g **Grasa:** 11 g

Fibra: 1 g **Proteína:** 1 g

Carbohidratos Netos: 0 g **Calorías:** 94

Brownies, Tartas y Pan
Rubias

Nivel de Dificultad: 2 | 15 minutos | 20-25 minutos | 8 porciones (1 rubia por porción) $$

SG SL V P

INGREDIENTES:

- 2 tazas de harina de almendras finamente molida
- 2 huevos
- ½ taza de aceite de coco, derretido
- 1 cucharadita de estevia en polvo
- 1 cucharadita de extracto puro de vainilla
- ½ taza de chispas de chocolate oscuro sin azúcar
- 1 cucharadita de polvo para hornear sin gluten y sin aluminio

Instrucciones para la Preparación:

Si no puedes encontrar chispas de chocolate sin azúcar, también puedes utilizar granos de cacao.

Sugerencias para Servir:

Sirve con una cucharada de crema batida sin azúcar si lo deseas.

INSTRUCCIONES:

1. Precalienta el horno a 180°C y forra un molde para hornear de 23x33 cm con papel pergamino.
2. Agrega los huevos a un tazón y bátelos.
3. Agrega el aceite de coco, el extracto de vainilla y la estevia. Mezcla bien.
4. Agrega la harina de almendras, el polvo de hornear y las chispas de chocolate oscuro de manera envolvente.
5. Vierte la mezcla en el molde para hornear forrado y hornea durante 20-25 minutos o hasta que los bordes comiencen a dorarse.
6. Deja enfriar y luego corta 8 cuadrados.

Información Nutricional:

Carbohidratos: 6 g   **Grasa:** 26 g
Fibra: 3 g   **Proteína:** 5 g
Carbohidratos Netos: 3 g   **Calorías:** 275

Brownies
DE PONCHE DE HUEVO

Nivel de Dificultad: 2
15 minutos
20-25 minutos
8 porciones (1 brownie por porción) $$

INGREDIENTES:

- 2 tazas de harina de almendras finamente molida
- 2 huevos
- ½ taza de aceite de coco, derretido
- ¼ de taza de cacao puro en polvo sin azúcar
- ¼ de taza de chispas de chocolate oscuro sin azúcar
- 1 cucharadita de estevia en polvo
- 1 cucharadita de extracto puro de vainilla
- 1 cucharadita de canela molida
- ½ cucharadita de nuez moscada molida
- 1 cucharadita de polvo para hornear sin gluten y sin aluminio
- ⅛ de cucharadita de sal de mar
- 2 cucharadas de agua

INSTRUCCIONES:

1. Precalienta el horno a 180°C y forra un molde para hornear de 23x33 cm con papel pergamino.
2. Agrega los huevos a un tazón y bátelos.
3. Agrega el aceite de coco, el extracto de vainilla y la estevia. Mezcla bien.
4. Agrega la harina de almendras, el polvo de hornear, el cacao en polvo, la canela, la nuez moscada, la sal de mar y el agua. Mezcla bien.
5. Agrega las chispas de chocolate en forma envolvente, vierte la mezcla en el molde para hornear forrado y hornea durante 20-25 minutos o hasta que cuando insertes un palillo en el centro salga limpio.
6. Deja enfriar y luego corta 8 cuadrados.

Instrucciones para la Preparación:

Si no estás evitando los lácteos, puedes usar mantequilla en lugar de aceite de coco si lo prefieres.

Sugerencias para Servir:

Sirve con una cucharada de crema batida sin azúcar si lo deseas.

Información Nutricional:

Carbohidratos: 6 g

Fibra: 3 g

Carbohidratos Netos: 3 g

Grasa: 23 g

Proteína: 4 g

Calorías: 233

Bocadillos Salados
DE TARTA DE NUEZ PECANA INSPIRADOS EN NAVIDAD

INGREDIENTES:

- 1 taza de nueces
- ½ taza de coco rallado sin azúcar
- 2 cucharadas de mantequilla de coco
- 1 cucharadita de extracto puro de vainilla
- 10 gotas de estevia líquida sabor vainilla
- 1 cucharadita de canela molida
- ¼ de cucharadita de pimienta de Jamaica
- ¼ de taza de granos de cacao

INSTRUCCIONES:

1. Agrega las nueces pecanas y el coco rallado a una licuadora de alta velocidad o procesador de alimentos y mezcla hasta que estén bien integrados.
2. Agrega la mantequilla de coco, la vainilla, la estevia, la canela y la pimienta de Jamaica y mezcla nuevamente.
3. Vierte la mezcla en un tazón y agrega los granos de cacao.
4. Refrigera por 15 minutos.
5. Una vez fría, forma bolitas del tamaño de un bocado.
6. Guarda lo que sobre bien tapado en el refrigerador.

Instrucciones para la Preparación:

Puedes usar nueces o anacardos en lugar de las nueces pecanas, si lo prefieres.

Sugerencias para Servir:

Sirve con una taza de ponche de huevo cetogénico para darte un gusto navideño.

Información Nutricional:
Carbohidratos: 8 g
Fibra: 6 g
Carbohidratos Netos: 2 g
Grasa: 30 g
Proteína: 3 g
Calorías: 298

PASTEL DE PAN DE CAFÉ CON *Glaseado de Vainilla* SIN CARBOHIDRATOS

Nivel de Dificultad: 2 | 20 minutos | 20-30 minutos | 8 porciones (1 rebanada por porción) $$

SG

INGREDIENTES:

- 2½ tazas de harina de almendras
- ½ taza de café preparado, refrigerado
- 3 huevos
- ½ taza de ghee derretido
- 1 cucharadita de estevia en polvo
- 1 cucharadita de canela molida
- 1 cucharadita de extracto puro de vainilla

Glaseado de Vainilla Sin Carbohidratos:

- 1 taza de queso crema batido
- ¼ de taza de crema espesa para batir
- 1 cucharadita de estevia líquida con sabor a crema de vainilla
- 1 cucharadita de extracto puro de vainilla

Instrucciones para la Preparación:

Para que esta receta sea compatible con la dieta paleolítica, haz la prueba de usar queso crema a base de almendras y crema de coco entera sin azúcar.

Sugerencias para Servir:

Sirve con una taza de chocolate cetogénico caliente o una taza de café caliente.

INSTRUCCIONES:

1. Forra un molde para pan con papel pergamino y precalienta el horno a 160°C.
2. Agrega los huevos a un tazón y bátelos.
3. Agrega el ghee, el extracto de vainilla y el café, y vuelve a batir.
4. Agrega los ingredientes secos y mezcla hasta que no queden grumos.
5. Hornea durante 20 minutos o hasta que cuando insertes un palillo en el centro salga limpio.
6. Mientras se hornea el pan, prepara el glaseado agregando los ingredientes a un procesador de alimentos y procesa hasta que la mezcla esté cremosa.
7. Una vez que el pan esté frío, cúbrelo con el glaseado, córtalo en 8 rebanadas iguales y ¡disfruta!

Información Nutricional:

Carbohidratos: 6 g **Grasa:** 19 g
Fibra: 1 g **Proteína:** 6 g
Carbohidratos Netos: 5 g **Calorías:** 218

Recetas de Invierno

Pan de Navidad
DE CHOCOLATE Y MENTA

SG

INGREDIENTES:

- 2½ tazas de harina de almendras
- ¼ de taza de cacao puro en polvo sin azúcar
- ½ taza de leche de almendras sin azúcar
- 3 huevos
- ½ taza de mantequilla derretida (usa ghee para hacer la versión paleo)
- 1 cucharadita de estevia en polvo
- 1 cucharadita de extracto de menta pura
- ¼ de taza de chispas de chocolate oscuro sin azúcar

Instrucciones para la Preparación:

Siéntete con la libertad de agregar un toque festivo adicional al incluir 1 cucharadita de nuez moscada molida si lo deseas.

Sugerencias para Servir:

Sirve con una taza de té o café caliente.

INSTRUCCIONES:

1. Forra un molde para pan con papel pergamino y precalienta el horno a 160°C.
2. Agrega los huevos a un tazón y bátelos.
3. Agrega la mantequilla, la menta y la leche de almendras, y vuelve a batir.
4. Agrega todos los ingredientes secos y bate hasta que no queden grumos.
5. Hornea durante 20 minutos o hasta que cuando insertes un palillo en el centro salga limpio.
6. Permite que el pan se enfríe por 10 minutos. ¡Rebana y disfruta!

Información Nutricional:

Carbohidratos: 6 g **Grasa:** 22 g

Fibra: 3 g **Proteína:** 6 g

Carbohidratos Netos: 3 g **Calorías:** 234

MAGDALENAS DE CHOCOLATE CON ESPECIAS NAVIDEÑAS CON *Glaseado de Crema de Mantequilla*

INGREDIENTES:

- 1 taza de harina de coco
- ½ taza de cacao en polvo sin azúcar
- 1 cucharadita de estevia en polvo
- 3 huevos
- 1 taza de leche mitad y mitad
- ½ taza de mantequilla, derretida
- 2 cucharaditas de extracto puro de vainilla
- 2 cucharaditas de polvo para hornear
- 1 cucharadita de canela molida
- ½ cucharadita de nuez moscada molida

Glaseado de Crema de Mantequilla

- ½ taza de mantequilla
- ½ taza de queso crema batido
- 2 cucharaditas de extracto puro de vainilla
- 2 gotas de estevia líquida sabor vainilla (opcional)

Nivel de Dificultad : 1 | 15 minutos | 18-20 minutos | 16 porciones (1 magdalena por porción) $$

Consejo de cocina:

La harina de coco es muy absorbente, por lo que la masa será más espesa que la masa de pastel tradicional. En lugar de verter la mezcla en el molde para panquecitos, sácala con una cuchara y presiona suavemente la superficie para aplanarla.

INSTRUCCIONES:

1. Comienza precalentando el horno a 180°C y forra un molde para panquecitos con capacillos.
2. Agrega todos los ingredientes secos a un tazón y mezcla bien.
3. En un tazón aparte, bate los huevos. Agrega la leche mitad y la mitad, la mantequilla derretida y el extracto puro de vainilla.
4. Vierte la mezcla húmeda a la mezcla seca y revuelve hasta que esté bien integrada y hasta que no queden grumos.
5. Pon la masa de magdalenas en los moldes para panquecitos con capacillos con una cuchara, llena cada cavidad hasta ocupar ¾ de los moldes.
6. Hornear a 180°C por 18-20 minutos.
7. Enfría completamente antes de glasearlos con el glaseado de crema de mantequilla.

Instrucciones del Glaseado de Crema de Mantequilla:

1. Agrega todos los ingredientes del glaseado a un tazón grande y acrema con una batidora manual. Alternativamente, puedes usar un procesador de alimentos y batir hasta que todos los ingredientes estén bien integrados.
2. Pasa la mezcla a una manga pastelera y glasea cada magdalena una vez que esté completamente fría.

> **Información Nutricional:**
> **Carbohidratos:** 12 g   **Grasa:** 18 g
> **Fibra:** 7 g   **Proteína:** 4 g
> **Carbohidratos Netos:** 5 g   **Calorías:** 226

Delicias Frías

PARFAIT DE NUEZ CON *Streusel* DE CANELA

INGREDIENTES:

- 1 taza de yogur griego entero sin azúcar (usa yogur de leche entera de coco sin azúcar para hacer la versión paleo)
- ¼ de taza de nueces picadas
- 1 cucharadita de extracto puro de vainilla
- ½ cucharadita de canela molida

Streusel de Canela:

- 3 cucharadas de aceite de coco
- ½ taza de nueces picadas
- 1 cucharadita de edulcorante Swerve
- 2 cucharaditas de canela molida

INSTRUCCIONES:

1. Agrega el yogur a la base de un tazón para servir y agrega la vainilla y la canela.
2. Cubre con las nueces picadas y reserva.
3. Haz el streusel de canela agregando todos los ingredientes a un tazón y mezcla bien.
4. ¡Agrega el streusel de canela sobre el tazón de yogur y disfruta!

Instrucciones para la Preparación:

Si lo prefieres, puedes hacer este parfait usando nueces pecanas.

Sugerencias para Servir:

Disfrútalo con una cucharada de crema batida sin azúcar si lo deseas.

Información Nutricional:
Carbohidratos: 8 g
Fibra: 3 g
Carbohidratos Netos: 5 g
Grasa: 30 g
Proteína: 9 g
Calorías: 313

Recetas
DE PRIMAVERA

BOCADILLOS SALADOS Y CHOCOLATES

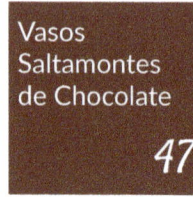
Vasos Saltamontes de Chocolate 47

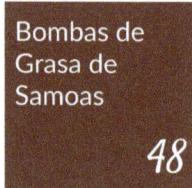
Bombas de Grasa de Samoas 48

49
Bombas de Grasa de Pastel de Zanahoria

50
para el Día de Pascua Vasos de Mantequilla de Almendra

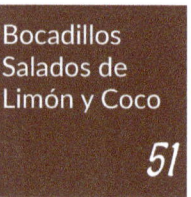
Bocadillos Salados de Limón y Coco 51

BROWNIES Y PASTEL

52
Brownies para el Día de San Patricio

Pastel De Cumpleaños Con Chispas de Colores Divertidos 53

DELICIAS FRÍAS

54
Batido de Mantequilla de Almendras con Vainilla y Sal de Mar

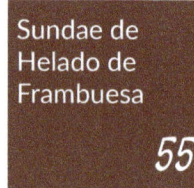
Sundae de Helado de Frambuesa 55

56
Yogur Congelado De Fresa y Menta

57
Pudin de Pastel de Crema de Coco Inspirado en el Día de Pascua

Pudin de Tarta de Limón 58

59
Batido con Masa de Brownie y Pistache

46

Bocadillos Salados y Chocolates

VASOS DE SALTAMONTES DE *Chocolate*

INGREDIENTES:

- 1 taza de chispas de chocolate oscuro sin azúcar
- 2 cucharadas de aceite de coco
- 1 cucharadita de extracto de menta pura
- 10 gotas de estevia líquida
- ½ cucharadita de sal de mar

INSTRUCCIONES:

1. Pon los mini moldes para panquecitos sobre una bandeja para hornear y reserva.
2. Haz la cobertura de chocolate agregando el aceite de coco a una olla a fuego lento. Derrite el aceite y luego agrega las chispas de chocolate y la sal.
3. Revuelve la mezcla continuamente hasta que se derrita por completo.
4. Agrega el extracto de menta y la estevia.
5. Vierte la mezcla en los mini moldes para panquecitos, llenando aproximadamente ¾ de la cavidad.
6. Congela alrededor de 15 minutos o hasta que estén firmes.
7. Guarda las sobras en el refrigerador o en el congelador.

Instrucciones para la Preparación:

Puedes reemplazar el extracto de menta y usar extracto de vainilla o almendra si lo deseas.

Sugerencias para Servir:

Sirve con una taza de leche de almendras sin azúcar.

Información Nutricional:

Carbohidratos: 8 g

Fibra: 4 g

Carbohidratos Netos: 4 g

Grasa: 19 g

Proteína: 4 g

Calorías: 231

BOMBAS DE GRASA DE *Samoas*

INGREDIENTES:

- 1 taza de anacardos
- 2 cucharadas de mantequilla (usa ghee para hacer la versión paleo)
- 2 cucharadas de mantequilla de coco sin azúcar
- 1 cucharada de edulcorante Swerve (usa azúcar de coco para hacer la versión paleo)
- 2 cucharadas de crema de coco sin azúcar
- 1 cucharadita de extracto puro de vainilla
- 1 cucharadita de melaza
- ½ cucharadita de sal de mar
- ½ taza de coco rallado sin azúcar

Nivel de Dificultad: 1 | 15 minutos (más el tiempo de enfriamiento) | 0 minutos | 20 porciones (1 bomba de grasa por porción) $$

SG

INSTRUCCIONES:

1. Forra una bandeja para hornear con papel pergamino y agrega el coco rallado sin azúcar a un tazón grande. Reserva.
2. Agrega los anacardos, la mantequilla y la mantequilla de coco a una licuadora de alta velocidad o procesador de alimentos, y procesa hasta que los anacardos estén finamente molidos.
3. Agrega el Swerve, la crema de coco, la vainilla, la melaza y la sal, y mezcla nuevamente.
4. Forma 20 bolitas del tamaño de un bocado y cúbrelas con el coco rallado sin azúcar.
5. Colócalas en la bandeja para hornear forrada con papel pergamino y colócala en el refrigerador durante 30 minutos antes de disfrutarlas.
6. Guarda las sobras bien tapadas en el refrigerador o en el congelador.

Instrucciones para la Preparación:

Si tienes problemas, puedes congelar las bombas de grasa durante 15 minutos o refrigerarlas durante 30 minutos.

Sugerencias para Servir:

Sirve con una taza de café o té.

Información Nutricional:

Carbohidratos: 6 g

Fibra: 1 g

Carbohidratos Netos: 5 g

Grasa: 11 g

Proteína: 2 g

Calorías: 120

Bombas DE GRASA DE PASTEL DE ZANAHORIA PARA EL DÍA DE PASCUA

Nivel de Dificultad : 1 | 15 minutos (más el tiempo de refrigeración) | 0 minutos | 14 porciones (1 bomba de grasa por porción) $$

SG V P

INGREDIENTES:

- 1 taza de nueces
- 1 taza de mantequilla de coco sin azúcar
- ½ taza de zanahorias ralladas
- ½ taza de coco rallado sin azúcar
- 1 cucharadita de estevia en polvo
- 1 cucharadita de extracto puro de vainilla
- 1 cucharadita de canela molida
- ⅛ de cucharadita de nuez moscada molida
- ⅛ de cucharadita de jengibre molido

Instrucciones para la Preparación:

Si lo prefieres, puedes usar nueces pecanas o anacardos en lugar de nueces.

Sugerencias para Servir:

Sirve con una taza de té para saborear un delicioso postre de Pascua.

INSTRUCCIONES:

1. Agrega las nueces, mantequilla de coco, zanahorias ralladas y la mitad del coco rallado a un procesador de alimentos o a una licuadora de alta velocidad y mezcla hasta que estén bien integrados.
2. Agrega el resto de los ingredientes menos el coco rallado y mezcla hasta que se integren bien.
3. Enfría durante 15 minutos en el refrigerador.
4. Forma bolitas del tamaño de un bocado y cúbrelas con el coco rallado restante sin azúcar.
5. Disfruta y guarda las sobras en el refrigerador o el congelador.

Información Nutricional:

Carbohidratos: 11 g **Grasa:** 29 g

Fibra: 6 g **Proteína:** 5 g

Carbohidratos Netos: 5 g **Calorías:** 320

Recetas de Primavera

Vasos DE MANTEQUILLA DE ALMENDRA

Nivel de Dificultad: 2 | 20 minutos (más el tiempo de refrigeración) | 3 minutos | 10 porciones (1 vaso de mantequilla de almendras por porción) $$

SG SL P

INGREDIENTES:

Cobertura de Chocolate:
- 1 taza de chispas de chocolate oscuro sin azúcar
- 2 cucharadas de aceite de coco
- ½ cucharadita de sal de mar

Relleno de Mantequilla de Almendras:
- ¼ de taza de mantequilla de almendras sin azúcar
- 1 cucharadita de estevia en polvo
- 1 cucharadita de extracto puro de vainilla
- 1 cucharada de harina de coco

Información Nutricional:
Carbohidratos: 9 g **Grasa:** 19 g
Fibra: 4 g **Proteína:** 4 g
Carbohidratos Netos: 5 g **Calorías:** 230

INSTRUCCIONES:

1. Pon los mini moldes para panquecitos sobre una bandeja para hornear y reserva.
2. Haz la cobertura de chocolate agregando el aceite de coco a una olla a fuego lento. Derrite el aceite y luego agrega las chispas de chocolate y la sal.
3. Revuelve la mezcla continuamente hasta que se derrita por completo.
4. Una vez derretida, coloca aproximadamente 1 cucharadita de la mezcla de chocolate en los mini moldes para panquecitos para cubrir el fondo. Métalos en el congelador durante unos 15 minutos o hasta que estén firmes.
5. Mientras el chocolate se endurece, prepara el relleno de mantequilla de almendras agregando la mantequilla de almendras, la vainilla y la estevia a un tazón, y revuelve.
6. Agrega la harina de coco y mezcla bien.
7. Una vez que el chocolate se haya endurecido, agrega aproximadamente una cucharadita del relleno de mantequilla de almendras a los mini moldes para panquecitos y cubre con aproximadamente 2 cucharaditas más de la mezcla de chocolate derretido.
8. Congela por otros 15-20 minutos o hasta que se endurezca.
9. Guarda en el refrigerador o congelador hasta que se puedan disfrutar.

Bocadillos Salados
DE LIMÓN Y COCO

INGREDIENTES:

- 1 taza de queso crema
- 4 cucharadas de ghee, suavizado
- 10 gotas de estevia líquida
- 1 cucharada de jugo de limón recién exprimido
- ½ taza de coco rallado sin azúcar

Nivel de Dificultad: 1 | 15 minutos (más el tiempo de refrigeración) | 0 minutos | 14 porciones (1 bocadillo por porción) $$

SG

INSTRUCCIONES:

1. Agrega el queso crema, ghee y estevia a una licuadora de alta velocidad o procesador de alimentos y bate hasta que la mezcla esté esponjosa.
2. Agrega el jugo de limón y vuelve a batir.
3. Con una cuchara agrega la mezcla a los mini moldes para magdalenas de silicón y espolvorea con el coco rallado.
4. Congela durante aproximadamente 1 hora antes de disfrutarlos.
5. Guarda las sobras en el refrigerador.

Instrucciones para la Preparación:

Puedes usar mantequilla en lugar de ghee si lo prefieres.

Sugerencias para Servir:

Sirve con una cucharada de crema batida si lo deseas.

Información Nutricional:

Carbohidratos: 1 g

Fibra: 0 g

Carbohidratos Netos: 1 g

Grasa: 10 g

Proteína: 1 g

Calorías: 100

Recetas de Primavera

Brownies y Pastel

Brownies PARA EL DÍA DE SAN PATRICIO

Nivel de Dificultad : 2 | 15 minutos | 30-35 minutos | 8 porciones (1 brownie por porción) $$

SG

INGREDIENTES:

- 2 tazas de harina de almendras
- 2 huevos
- 1 barra de mantequilla derretida (usa aceite de coco para hacer la versión paleo)
- ¼ de taza de cacao puro en polvo sin azúcar
- 1 cucharadita de extracto de menta pura
- 1 cucharadita de estevia en polvo
- 1 cucharadita de polvo para hornear sin gluten y sin aluminio
- ⅛ de cucharadita de sal de mar
- 2 cucharadas de agua

Glaseado de Menta:

- 1 taza de queso crema batido (usa crema entera de coco sin azúcar para hacer la versión paleo)
- 1 gota de estevia líquida
- 1 cucharadita de colorante alimenticio verde de origen vegetal (sin colorantes artificiales)

INSTRUCCIONES:

1. Precalienta el horno a 180°C y forra un molde para hornear de 23x33 cm con papel pergamino.
2. Agrega los huevos a un tazón y bátelos.
3. Agrega la mantequilla, el extracto de menta y la estevia. Mezcla bien.
4. Agrega la harina de almendras, el polvo para hornear, la sal de mar y el agua. Mezcla bien.
5. Vierte la mezcla en el molde para hornear forrado y hornea durante 30-35 minutos o hasta que cuando insertes un palillo en el centro salga limpio.
6. Mientras los brownies se están horneando, prepara el glaseado de menta agregando el queso crema batido a un tazón con el colorante alimenticio verde, el extracto de menta y la estevia. Con una batidora de mano, bate hasta que se forme una consistencia esponjosa.
7. Una vez que los brownies estén fríos, cúbrelos con el glaseado y luego córtalos en 8 cuadrados.
8. Guarda las sobras en el refrigerador.

Instrucciones para la Preparación:

Puedes agregar ¼ de taza de chispas de chocolate oscuro sin azúcar a la masa para darle un sabor más rico.

Sugerencias para Servir:

Sirve con una taza de café o té.

Información Nutricional:

Carbohidratos: 5 g **Grasa:** 17 g

Fibra: 2 g **Proteína:** 8 g

Carbohidratos Netos: 3 g **Calorías:** 192

Pastel DE CUMPLEAÑOS CON CHISPAS DE COLORES DIVERTIDOS

INGREDIENTES:

Para las Chispas:

- ½ taza de coco rallado sin azúcar
- Varios colorantes alimenticios de origen vegetal.

Para el Pastel:

- 2 tazas de harina de almendras finamente molida
- 2 huevos
- 2 tazas de queso crema batido
- ¼ de taza de leche de almendras sin azúcar
- 1 barra de mantequilla derretida
- 1 cucharadita de extracto puro de vainilla
- ¼ de taza de Swerve
- 1 cucharadita de polvo para hornear
- Aceite de coco para engrasar

Para la Crema Batida:

- 2 tazas de crema espesa para batir
- 1 gota de estevia líquida
- 1 cucharadita de extracto puro de vainilla

Instrucciones para la Preparación:

Siéntete libre de usar cualquier edulcorante bajo en calorías que prefieras en la receta del pastel.

Sugerencias para Servir:

Sirve con un vaso de leche de almendras sin azúcar.

Información Nutricional:

Carbohidratos: 6 g   Grasa: 22 g

Fibra: 1 g   Proteína: 4 g

Carbohidratos Netos: 5 g   Calorías: 216

Nivel de Dificultad : 3 | 20 minutos | 25-30 minutos | 18 porciones (1 rebanada por porción) $$

SG

INSTRUCCIONES:

1. Precalienta tu horno a 350°F y engrasa un molde grande para pan con aceite de coco.
2. Haz las chispas de colores divertidos dividiendo el coco rallado en tantos tazones diferentes como quieras, dependiendo de la cantidad de colores que elijas utilizar. Usa alrededor de 3-4 gotas de colorante alimenticio por tazón y revuelve para cubrir el coco rallado por completo. Reserva.
3. Agrega la harina de almendras, el swerve y el polvo para hornear a un tazón. Bate hasta integrarlos bien y luego reserva.
4. En un tazón aparte, agrega los huevos, la mantequilla derretida, el queso crema batido, la vainilla y la leche de almendras y bate bien.
5. Vierte la mezcla seca en la mezcla de huevo y revuelve hasta que se integren bien.
6. Agrega las chispas de manera envolvente y revuelve bien.
7. Vierte la mezcla en el molde para hornear y hornea durante 25-30 minutos o o hasta que cuando insertes un palillo en el centro salga limpio.
8. Mientras se hornea el pastel, prepara la crema batida agregando todos los ingredientes a un procesador de alimentos y procesa hasta que se forme una consistencia similar a la de la crema batida. Guarda la mezcla en el refrigerador hasta que esté lista para su uso.
9. Deja que se enfríe el pastel y luego sirve con crema batida inmediatamente antes de servir.

Delicias Frías

Batido DE MANTEQUILLA DE ALMENDRAS CON VAINILLA Y SAL DE MAR

Nivel de Dificultad: 1 | 5 minutos | 0 minutos | 2 porciones (aprox. ½ taza por porción) $$

SG SL P

INSTRUCCIONES:

1. Agrega todos los ingredientes a una licuadora de alta velocidad y mezcla hasta que tenga una consistencia suave.
2. Disfruta de inmediato.

Instrucciones para la Preparación:

Si no estás evitando los lácteos, puedes usar ½ taza de crema espesa y 1 taza de leche entera en esta receta.

Sugerencias para Servir:

Sirve con una cucharada de crema batida sin azúcar si lo deseas.

INGREDIENTES:

- 1 taza de leche de almendras sin azúcar
- 2 cucharadas de mantequilla de almendras
- 1 cucharadita de extracto puro de vainilla
- 1 gota de estevia líquida con sabor a crema de vainilla
- 1 pizca de sal de mar

Información Nutricional:

Carbohidratos: 4 g **Grasa:** 11 g

Fibra: 2 g **Proteína:** 4 g

Carbohidratos Netos: 2 g **Calorías:** 124

Sundae DE HELADO DE FRAMBUESA

INGREDIENTES:
- 1 lata de crema de coco entera sin azúcar
- ¼ de taza de frambuesas congeladas
- 1 cucharadita de extracto puro de vainilla
- 1 cucharadita de estevia líquida

Coberturas:
- 4 cucharadas de jarabe de chocolate sin azúcar
- ¼ de taza de nueces

INSTRUCCIONES:
1. Agrega la crema de coco, las frambuesas, la vainilla y la estevia a una licuadora de alta velocidad y mezcla hasta que quede suave.
2. Cubre con el jarabe de chocolate sin azúcar y los trozos de nuez, y sirve.

Instrucciones para la Preparación:
Puedes usar fresas en lugar de frambuesas si lo prefieres.

Sugerencias para Servir:
Sirve con una cucharada de crema batida si lo deseas.

Información Nutricional:
Carbohidratos: 6 g
Fibra: 1 g
Carbohidratos Netos: 5 g
Grasa: 15 g
Proteína: 3 g
Calorías: 170

Yogur CONGELADO DE FRESA Y MENTA

Nivel de Dificultad : 1 | 10 minutos (más el tiempo de refrigeración) | 0 minutos | 6 porciones (aprox. ⅓ de taza por porción) $$

SG

INGREDIENTES:

- 2 tazas de yogur griego sin azúcar entero (usa yogur de leche de coco sin azúcar entero para hacer la versión paleo)
- 1 taza de fresas
- 1 cucharadita de hojas de menta recién picadas
- 1 cucharadita de extracto puro de vainilla

INSTRUCCIONES:

1. Agrega todos los ingredientes a una licuadora de alta velocidad y mezcla hasta que tenga una consistencia suave.
2. Enfría en el refrigerador 1 hora antes de servirlo.
3. Disfruta y guarda las sobras bien tapadas en el refrigerador.

Instrucciones para la Preparación:

Puedes usar frambuesas o arándanos en esta receta si lo prefieres.

Sugerencias para Servir:

Sirve con una cucharada de crema batida si lo deseas.

Información Nutricional:
Carbohidratos: 5 g
Fibra: 1 g
Carbohidratos Netos: 4 g
Grasa: 3 g
Proteína: 7 g
Calorías: 80

Pudin de Pastel DE CREMA DE COCO INSPIRADO EN EL DÍA DE PASCUA

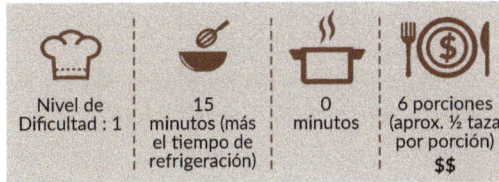

Nivel de Dificultad: 1 | 15 minutos (más el tiempo de refrigeración) | 0 minutos | 6 porciones (aprox. ½ taza por porción) $$

INGREDIENTES:

- 2 tazas de leche entera de coco sin azúcar
- 1 taza de crema espesa (usa otra 1 taza de leche entera de coco sin azúcar para hacer la versión paleo)
- 2 cucharadas de ghee derretido
- ½ taza de eritritol
- 1 taza de coco rallado sin azúcar, dividido
- 1 cucharadita de extracto puro de vainilla

INSTRUCCIONES:

1. Agrega la leche de coco, la crema espesa, la vainilla y el ghee derretido a un procesador de alimentos y mezcla hasta que quede suave.
2. Agrega el eritritol y ½ taza de coco rallado.
3. Enfría por 1 hora.
4. Una vez frío, divídelo entre 6 tazas y cubre con el coco rallado adicional y sirve.

Instrucciones para la Preparación:

Si lo prefieres, puedes usar 1 gota de estevia líquida en lugar del eritritol.

Sugerencias para Servir:

Sirve con una cucharada de crema batida si lo deseas.

Información Nutricional:

Carbohidratos: 7 g **Grasa:** 35 g

Fibra: 3 g **Proteína:** 3 g

Carbohidratos Netos: 4 g **Calorías:** 340

Recetas de Primavera

Pudin DE TARTA DE LIMÓN

INGREDIENTES:

- 1 taza de leche entera de coco sin azúcar
- 2 cucharadas de crema ácida (usa crema de coco para hacer la versión paleo)
- 1 cucharada de eritritol (usa jarabe de maple puro para hacer la versión paleo)
- ¼ taza de jugo de limón recién exprimido
- 1 cucharadita de extracto puro de vainilla
- ½ taza de coco rallado sin azúcar
- 1 taza de nueces, procesadas hasta que parezcan moronas

Nivel de Dificultad : 1 | 15 minutos (más el tiempo de refrigeración) | 0 minutos | 6 porciones $$

INSTRUCCIONES:

1. Comienza agregando las nueces a un procesador de alimentos y procesa hasta que parezcan moronas. Reserva.
2. Agrega todos los ingredientes menos el coco rallado sin azúcar a una licuadora o procesador de alimentos y procesa hasta que esté cremoso.
3. Divide las nueces desmoronadas en el fondo de 6 tazones y luego divide la mezcla de limón entre ellos.
4. Cubre con el coco rallado.
5. Enfría durante 15 a 30 minutos antes de servir.

Instrucciones para la Preparación:

Puedes usar queso crema en lugar de crema ácida si lo prefieres.

Sugerencias para Servir:

Sirve con una cucharada de crema batida si lo deseas.

Información Nutricional:

Carbohidratos: 8 g

Fibra: 3 g

Carbohidratos Netos: 5 g

Grasa: 25 g

Proteína: 6 g

Calorías: 255

Batido CON MASA DE BROWNIE Y PISTACHE

Nivel de Dificultad: 1 | 5 minutos | 0 minutos | 2 porciones $$

INGREDIENTES:

- ½ taza de crema espesa (usa leche de coco para hacer la versión paleo)
- ½ taza de leche de almendras sin azúcar
- 3 gotas de estevia líquida
- 2 cucharadas de cacao puro en polvo sin azúcar
- 1 cucharada de granos de cacao
- 2 cucharadas de pistachos tostados sin sal

INSTRUCCIONES:

1. Agrega todos los ingredientes a una licuadora de alta velocidad y mezcla hasta que tenga una consistencia suave.
2. Sirve de inmediato.

Instrucciones para la Preparación:

Puedes usar cualquier edulcorante bajo en carbohidratos de tu elección.

Sugerencias para Servir:

Sirve con una cucharada de crema batida si lo deseas.

Información Nutricional:

Carbohidratos: 6 g

Fibra: 3 g

Carbohidratos Netos: 3 g

Grasa: 16 g

Proteína: 3 g

Calorías: 165

Recetas DE VERANO

BOMBAS DE GRASA Y MOUSSE

Bombas de Grasa Congeladas de Masa de Galletas **61**

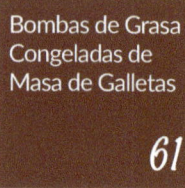
Bombas de Grasa con Trozos Grandes de Brownie **62**

Mousse de Fresa **63**

DELICIAS FRÍAS

Batido de Mantequilla de Maní con Chocolate Súper Cremoso **64**

Helado Decadente de Zarzamora **65**

Helado de Frambuesas y Crema **66**

"Yogur" Congelado Vegano de Mora Azul **67**

Paletas de "Yogur" Congelado de Fresas y Crema **68**

Paletas de Crema de Naranja **69**

Batido Sabroso de Moca **70**

Paletas de Chispas de Chocolate y Coco **71**

Pudin de Chocolate, Menta y Almendra **72**

Parfait de Crema Batida de Fresa Casera **73**

Bombas de Grasa
CONGELADAS DE MASA DE GALLETAS

INGREDIENTES:

- 1 taza de anacardos
- ½ taza de mantequilla de coco
- 1 cucharadita de extracto puro de vainilla
- 10 gotas de estevia líquida sabor vainilla
- ¼ de cucharadita de sal de mar
- 4 cucharadas de chispas de chocolate oscuro sin azúcar

INSTRUCCIONES:

1. Agrega los anacardos y la mantequilla de coco a un procesador de alimentos o licuadora de alta velocidad y procesa hasta que los anacardos estén finamente molidos.
2. Agrega la vainilla, la estevia y la sal, y mezcla hasta que se integren bien.
3. Agrega de forma envolvente las chispas de chocolate.
4. Congela durante 20 minutos y luego forma bolitas del tamaño de un bocado.
5. Guarda en el refrigerador o congelador hasta que se puedan disfrutar.

Instrucciones para la Preparación:

Se pueden usar granos de cacao en lugar de las chispas de chocolate oscuro.

Sugerencias para Servir:

Cubre cada bomba de grasa con una cucharada de crema batida sin azúcar si lo deseas.

Información Nutricional:

Carbohidratos: 9 g

Fibra: 4 g

Carbohidratos Netos: 5 g

Grasa: 19 g

Proteína: 3 g

Calorías: 206

Bombas de Grasa
CON TROZOS GRANDES DE BROWNIE

Nivel de Dificultad: 1 | 10 minutos (más el tiempo de refrigeración) | 0 minutos | 14 porciones (1 bomba de grasa por porción) $$

SG SL P

INGREDIENTES:

- 1 taza de almendras crudas
- 2 cucharadas de cacao puro en polvo sin azúcar
- ½ taza de mantequilla de coco
- 1 cucharadita de extracto puro de vainilla
- 10 gotas de estevia líquida sabor vainilla
- ¼ de cucharadita de sal de mar
- 4 cucharadas de chispas de chocolate oscuro sin azúcar

Instrucciones para la Preparación:

Se pueden usar granos de cacao en lugar de las chispas de chocolate oscuro.

Sugerencias para Servir:

Cubre cada bomba de grasa con una cucharada de crema batida sin azúcar si lo deseas.

INSTRUCCIONES:

1. Agrega las almendras crudas y la mantequilla de coco a un procesador de alimentos o licuadora de alta velocidad y procesa hasta que las almendras estén finamente molidas.
2. Agrega la vainilla, la estevia y la sal, y mezcla hasta que se integren bien.
3. Agrega de forma envolvente las chispas de chocolate.
4. Congela durante 20 minutos y luego forma bolitas del tamaño de un bocado.
5. Guarda en el refrigerador o congelador hasta que se puedan disfrutar.

Información Nutricional:

Carbohidratos: 8 g **Grasa:** 18 g
Fibra: 5 g **Proteína:** 3 g
Carbohidratos Netos: 3 g **Calorías:** 191

Mousse
DE FRESA

Nivel de Dificultad : 1 | 10 minutos (más el tiempo de refrigeración) | 0 minutos | 4 porciones (aprox. ½ taza por porción) $$

SG

INGREDIENTES:

- 1 taza de leche entera de coco sin azúcar
- 1 taza de crema espesa
- ½ taza de fresas congeladas
- 1 cucharadita de extracto puro de vainilla
- 2 cucharaditas de Swerve
- 1 cucharada de jugo de limón recién exprimido

INSTRUCCIONES:

1. Agrega todos los ingredientes a una licuadora o procesador de alimentos y mezcla hasta que quede cremoso.
2. Divide entre 4 tazones y enfría durante 1 hora antes de servir.
3. Enfría durante 15 a 30 minutos antes de servir.

Instrucciones para la Preparación:

Puedes usar 1 taza adicional de leche de coco en lugar de la crema espesa si estás evitando los lácteos.

Sugerencias para Servir:

Sirve con coco rallado sin azúcar si lo deseas.

Información Nutricional:

Carbohidratos: 5 g

Fibra: 0 g

Carbohidratos Netos: 5 g

Grasa: 15 g

Proteína: 1 g

Calorías: 148

Delicias Frías

Batido DE MANTEQUILLA DE MANÍ CON CHOCOLATE SÚPER CREMOSO

INGREDIENTES:

- ½ taza de leche de almendras sin azúcar
- ¼ de taza de leche de coco
- 1 cucharada de cacao en polvo
- 2 cucharadas de mantequilla de maní
- 3 gotas de estevia líquida
- 1 cucharadita de extracto puro de vainilla

Nivel de Dificultad : 1 | 5 minutos | 0 minutos | 2 porciones (aprox. ½ taza por porción) $$

INSTRUCCIONES:

1. Agrega todos los ingredientes a una licuadora de alta velocidad y mezcla hasta que tenga una consistencia suave.
2. Sirve de inmediato.

Instrucciones para la Preparación:

Si no estás evitando los lácteos, puedes usar ½ taza de crema espesa y 1 taza de leche entera en esta receta.

Sugerencias para Servir:

Sirve con una cucharada de crema batida sin azúcar si lo deseas.

Información Nutricional:

Carbohidratos: 7 g
Fibra: 3 g
Carbohidratos Netos: 4 g
Grasa: 16 g
Proteína: 5 g
Calorías: 185

Helado DECADENTE DE ZARZAMORA (SIN BATIR)

INGREDIENTES:

- 1 taza de crema espesa
- 1 taza de crema ácida
- ½ taza de zarzamoras congeladas
- 10 gotas de estevia líquida sabor vainilla

INSTRUCCIONES:

1. Agrega todos los ingredientes a una licuadora de alta velocidad y mezcla hasta que tenga una consistencia suave.
2. Vierte en un recipiente grande de plástico y congela durante aproximadamente 4 horas o hasta que se solidifique.
3. Deja reposar a temperatura ambiente algunos minutos antes de servir.

Nivel de Dificultad : 1 | 5 minutos (más el tiempo de refrigeración) | 0 minutos | 8 porciones (aprox. ¼ de taza por porción) $$

SG

Instrucciones para la Preparación:

Puedes usar cualquier baya de tu elección en esta receta.

Sugerencias para Servir:

Sirve con una cucharada de crema batida sin azúcar si lo deseas.

Información Nutricional:

Carbohidratos: 3 g **Grasa:** 12 g

Fibra: 1 g **Proteína:** 1 g

Carbohidratos Netos: 2 g **Calorías:** 117

Helado DE FRAMBUESAS Y CREMA (SIN BATIR)

INGREDIENTES:

- 1 taza de crema espesa
- 1 taza de queso crema batido
- ½ taza de frambuesas congeladas
- 10 gotas de estevia líquida sabor vainilla
- 1 cucharadita de extracto puro de vainilla

INSTRUCCIONES:

1. Agrega todos los ingredientes a una licuadora de alta velocidad y mezcla hasta que tenga una consistencia suave.
2. Vierte en un recipiente grande de plástico y congela durante aproximadamente 4 horas o hasta que se solidifique.
3. Deja reposar a temperatura ambiente algunos minutos antes de servir.

Nivel de Dificultad: 1 | 5 minutos (más el tiempo de refrigeración) | 0 minutos | 8 porciones (aprox. ¼ de taza por porción) $$

Instrucciones para la Preparación:

Puedes usar las bayas de tu elección en esta receta.

Sugerencias para Servir:

Sirve con una cucharada de crema batida sin azúcar si lo deseas.

Información Nutricional:

Carbohidratos: 5 g **Grasa:** 16 g

Fibra: 1 g **Proteína:** 3 g

Carbohidratos Netos: 4 g **Calorías:** 171

"Yogur" CONGELADO VEGANO DE MORA AZUL

INGREDIENTES:

- 2 latas de crema de coco sin azúcar
- ½ taza de moras azules congeladas
- 10 gotas de estevia líquida sabor vainilla
- 1 cucharadita de extracto puro de vainilla

INSTRUCCIONES:

1. Agrega todos los ingredientes a una licuadora de alta velocidad y mezcla hasta que tenga una consistencia suave.
2. Vierte en un recipiente grande de plástico y congela durante aproximadamente 4 horas o hasta que se solidifique.
3. Deja reposar a temperatura ambiente algunos minutos antes de servir.

Instrucciones para la Preparación:

Puedes usar las bayas de tu elección en esta receta.

Sugerencias para Servir:

Sirve con una cucharada de crema batida sin azúcar si lo deseas.

Nivel de Dificultad: 1 | 5 minutos (más el tiempo de refrigeración) | 0 minutos | 8 porciones $$

SG SL P

Información Nutricional:

Carbohidratos: 4 g

Fibra: 1 g

Carbohidratos Netos: 3 g

Grasa: 26 g

Proteína: 3 g

Calorías: 255

Paletas de "Yogur" CONGELADO DE FRESAS Y CREMA

INGREDIENTES:
- 1 taza de crema espesa
- 1 taza de crema ácida
- ½ taza de fresas congeladas
- 10 gotas de estevia líquida sabor vainilla

INSTRUCCIONES:
1. Agrega todos los ingredientes a una licuadora de alta velocidad y mezcla hasta que tenga una consistencia suave.
2. Vierte en 6 moldes de paletas y congela durante 4-6 horas o hasta que estén completamente endurecidas antes de servirlas.

Instrucciones para la Preparación:

Puedes usar las bayas de tu elección en esta receta.

Sugerencias para Servir:

Puedes mojar la parte superior de las paletas en chocolate oscuro sin azúcar derretido y ponerlas en el congelador durante 10 minutos para que sean aún más decadentes.

Información Nutricional:

Carbohidratos: 3 g

Fibra: 0 g

Carbohidratos Netos: 3 g

Grasa: 15 g

Proteína: 2 g

Calorías: 155

Paletas de Crema
DE NARANJA

Nivel de Dificultad: 1 | 5 minutos (más el tiempo de refrigeración) | 0 minutos | 6 porciones (1 paleta por porción) $

SG

INGREDIENTES:
- 1 taza de crema espesa (usa leche entera de coco sin azúcar para hacer la versión paleo)
- ½ taza de leche de almendras sin azúcar
- ¼ de taza de jugo de naranja recién exprimido
- 10 gotas de estevia líquida sabor vainilla

INSTRUCCIONES:
1. Agrega todos los ingredientes a una licuadora de alta velocidad y mezcla hasta que tenga una consistencia suave.
2. Vierte en 6 moldes de paletas y congela durante 4-6 horas o hasta que estén completamente endurecidas antes de servirlas.

Instrucciones para la Preparación:
Puedes usar leche de coco en lugar de la crema espesa para hacer la versión sin lácteos.

Sugerencias para Servir:
Baña la paleta con jarabe de chocolate sin azúcar si lo deseas.

Información Nutricional:
Carbohidratos: 2 g
Fibra: 0 g
Carbohidratos Netos: 2 g
Grasa: 8 g
Proteína: 1 g
Calorías: 77

Recetas de Verano

Batido
SABROSO DE MOCA

Nivel de Dificultad: 1 | 5 minutos | 0 minutos | 2 porciones (aprox. ½ taza por porción) $

INGREDIENTES:

- 1 taza de crema espesa
- 2 cucharadas de mantequilla derretida
- ½ taza de café preparado, refrigerado
- 1 cucharada de mantequilla de almendras sin azúcar
- 1 cucharada de granos de cacao
- 1 puñado de hielo

- **Coberturas Opcionales:** Crema batida y jarabe de chocolate sin azúcar añadido

Instrucciones para la Preparación:

Usa leche de coco en lugar de la crema espesa y elimina la mantequilla para hacer la versión sin lácteos.

Sugerencias para Servir:

Sirve con una cucharada de crema batida.

INSTRUCCIONES:

1. Agrega todos los ingredientes a una licuadora de alta velocidad y mezcla hasta que tenga una consistencia suave.
2. Vierte en vasos y sirve.
3. Si los usas, cubre con crema batida y jarabe de chocolate sin azúcar añadida.

Información Nutricional:

Carbohidratos: 5 g **Grasa:** 41 g
Fibra: 1 g **Proteína:** 3 g
Carbohidratos Netos: 4 g **Calorías:** 390

Paletas de Chispas
DE CHOCOLATE Y COCO

Nivel de Dificultad : 1 | 10 minutos (más el tiempo de refrigeración) | 0 minutos | 8 porciones (1 paleta por porción) $$

INGREDIENTES:

- 2 tazas de leche entera de coco sin azúcar
- ½ taza de mantequilla de coco
- 1 cucharadita de extracto puro de vainilla
- ¼ de taza de nueces picadas
- 10 gotas de estevia líquida
- 4 cucharadas de chispas de chocolate oscuro sin azúcar

INSTRUCCIONES:

1. Agrega leche de coco, mantequilla de coco, vainilla, nueces y estevia a una licuadora de alta velocidad o procesador de alimentos. Procesa hasta que se integren bien.
2. Agrega de forma envolvente las chispas de chocolate.
3. Vierte en moldes de paletas y congela durante 4-6 horas o hasta que estén completamente endurecidas antes de servirlas.

Instrucciones para la Preparación:

En esta receta puedes usar cualquier mantequilla de nuez de tu elección.

Sugerencias para Servir:

Baña las paletas con jarabe de chocolate sin azúcar si lo deseas.

Información Nutricional:

Carbohidratos: 11 g

Fibra: 6 g

Carbohidratos Netos: 5 g

Grasa: 30 g

Proteína: 4 g

Calorías: 311

Pudin de Menta,
CHOCOLATE Y ALMENDRA

Nivel de Dificultad : 1 | 10 minutos (más el tiempo de refrigeración) | 0 minutos | 4 porciones $$

INGREDIENTES:

- 2 aguacates muy maduros, sin hueso y pelados
- ¼ de taza de leche entera de coco sin azúcar
- ¼ de taza de cacao puro en polvo sin azúcar
- ½ cucharadita de extracto de almendras
- ¼ de cucharadita de extracto de menta pura
- 10 gotas de estevia líquida
- ⅛ de cucharadita de sal de mar

INSTRUCCIONES:

1. Agrega todos los ingredientes a una licuadora o procesador de alimentos y mezcla hasta que quede cremoso.
2. Enfría por 30 minutos antes de disfrutarlo.
3. Una vez que esté frío, disfrútalo de inmediato.

Instrucciones para la Preparación:

Puedes usar crema espesa en lugar de la leche de coco si no estás evitando los lácteos.

Sugerencias para Servir:

Sirve con almendras picadas si lo deseas.

Información Nutricional:
Carbohidratos: 13 g
Fibra: 9 g
Carbohidratos Netos: 4 g
Grasa: 24 g
Proteína: 3 g
Calorías: 253

Parfait de Crema Batida
DE FRESA CASERA

INGREDIENTES:
- 1 taza de crema espesa para batir
- 1 cucharadita de extracto puro de vainilla
- 10 gotas de estevia líquida sabor vainilla
- 1 taza de fresas, cortadas a la mitad

Nivel de Dificultad: 2 | 20 minutos | 0 minutos | 4 porciones (aprox. ¼ de taza por porción) $$

SG

INSTRUCCIONES:
1. Prepara la crema batida agregando la crema espesa batida a un tazón grande con el extracto de vainilla y la estevia.
2. Bate con una batidora de mano hasta que se formen picos rígidos.
3. Agrega la mitad de las fresas a la base de un frasco de vidrio o tazón grande y cubre con la mitad de la crema batida.
4. Repite estas 2 capas.
5. Divide en 4 porciones y sirve.

Instrucciones para la Preparación:
Puedes usar leche de coco entera sin azúcar para hacer la versión sin lácteos.

Sugerencias para Servir:
Sirve con hojas de menta recién picadas para agregarle sabor.

Información Nutricional:
Carbohidratos: 4 g
Fibra: 1 g
Carbohidratos Netos: 3 g
Grasa: 11 g
Proteína: 1 g
Calorías: 118

Derechos de Autor 2019 por Elizabeth Jane - Todos los derechos reservados.

Para permisos contactar a:

elizabeth@ketojane.com o visita http://ketojane.com/

Este documento está orientado a proporcionar información exacta y confiable con respecto al tema y asunto cubierto. La publicación se vende con la idea de que el editor no está obligado a prestar asesoramiento profesional, autorizado oficialmente o de otro modo, prestar servicios calificados. Si se requiere asesoría, legal o profesional, se debe buscar a una persona con experiencia en la profesión.

A partir de una Declaración de Principios que fue aceptada y aprobada igualmente por un Comité de la Asociación Americana de Abogados y un Comité de Editores y Asociaciones.

De ninguna manera es legal reproducir, duplicar o transmitir cualquier parte de este documento, ya sea por medios electrónicos o en formato impreso. Está estrictamente prohibida la grabación de esta publicación, así mismo, no está permitido cualquier tipo de almacenamiento de este documento, a menos que posea un permiso por escrito del editor. Todos los derechos reservados.

Se declara que la información proporcionada en este documento es veraz y coherente, en el sentido de que cualquier responsabilidad, en términos de falta de atención o de otro tipo, por el uso o abuso de cualquier política, procesos o indicaciones contenidos en este documento es responsabilidad única y absoluta del lector receptor. Bajo ninguna circunstancia se hará responsable o culpable legalmente al editor por cualquier reparación, daño o pérdida monetaria debida a la información aquí contenida, ya sea directa o indirectamente.

La información aquí contenida se ofrece únicamente con fines informativos, como tal, es universal. La presentación de la información se realiza sin contrato y sin ningún tipo de garantía.

La autora no es una profesional con licencia, ni médico ni profesional médico, y no ofrece tratamientos médicos, diagnósticos, sugerencias o asesorías. La información presentada en este documento no ha sido evaluada por la Administración de Drogas y Alimentos de los EE. UU. (FDA, por sus siglas en inglés), y no tiene la intención de diagnosticar, tratar, curar o prevenir ninguna enfermedad. Se debe obtener la autorización médica completa por parte de médico con licencia, antes de comenzar o modificar cualquier programa de dieta, ejercicio o estilo de vida, y se debe informar a los médicos de todos los cambios nutricionales.

La autora no asume ninguna responsabilidad ante ninguna persona o entidad por cualquier responsabilidad, pérdida o daño causado o presuntamente causado directa o indirectamente como resultado del uso, aplicación o interpretación de la información presentada en este documento.

www.ingramcontent.com/pod-product-compliance
Lightning Source LLC
Chambersburg PA
CBHW042036100526
44587CB00030B/4448